사실은 사랑받고 싶었어

사실은 사랑받고 싶었어

: 진심을 전하는, 그 어려운 일을 가능하게 하는 연결의 대화

초판 발행 2021년 3월 5일
2쇄 발행 2021년 4월 12일

지은이 박재연 / **그린이** 박성혜 / **펴낸이** 김태헌
총괄 임규근 / **책임편집** 권형숙 / **편집** 김희정, 윤채선 / **교정교열** 노진영 / **디자인** 어나더페이퍼
영업 문윤식, 조유미 / **마케팅** 박상용, 손희정, 박수미 / **제작** 박성우, 김정우

펴낸곳 한빛라이프 / **주소** 서울시 서대문구 연희로 2길 62
전화 02-336-7129 / **팩스** 02-325-6300
등록 2013년 11월 14일 제25100-2017-000059호 / **ISBN** 979-11-90846-11-0 03180

한빛라이프는 한빛미디어(주)의 실용 브랜드로 우리의 일상을 환히 비추는 책을 펴냅니다.

이 책에 대한 의견이나 오탈자 및 잘못된 내용에 대한 수정 정보는 한빛미디어(주)의 홈페이지나 아래 이메일로
알려 주십시오. 잘못된 책은 구입하신 서점에서 교환해 드립니다. 책값은 뒤표지에 표시되어 있습니다.
한빛미디어 홈페이지 www.hanbit.co.kr / 이메일 ask_life@hanbit.co.kr
한빛라이프 페이스북 facebook.com/goodtipstoknow / 포스트 post.naver.com/hanbitstory

지금 하지 않으면 할 수 없는 일이 있습니다.
책으로 펴내고 싶은 아이디어나 원고를 메일(writer@hanbit.co.kr)로 보내 주세요.
한빛라이프는 여러분의 소중한 경험과 지식을 기다리고 있습니다.

사실은
사랑받고
싶었어

진심을 전하는,
그 어려운 일을
가능하게 하는
연결의 대화

박재연 지음
박성혜 그림

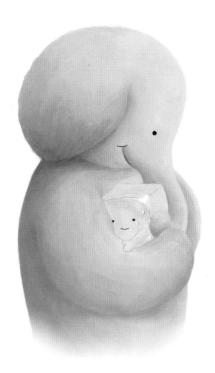

한빛라이프

대화는 일상의 치유입니다

이해받지 못해서 혼자 울던 날들이 있었나요?
고함을 쳐서라도 그 답답한 마음을 전하고 싶었나요?
억울함을 눈물과 함께 꾹꾹 삼키며 좌절한 적이 있었나요?

서로의 관계를 바꿀 수 있는 능력을 갖고 싶었고
때론 상대를 이길 수 있는 방법을 찾고 싶었고,
그 비결이 '대화기술'에 있다고 믿었던 날들이 있었습니다.
하지만 진짜 관계는 기술이 아닌
진심에서 나온다는 것을 이제 압니다.

만약 누군가 '대화'를 왜 배워야 하냐고 묻는다면
상대를 바꾸거나 이기지 않고도
행복하고 평화롭게 살아갈 수 있는 비결이
바로 대화에 있기 때문이라고
조금은 조심스러운 마음으로 표현하겠습니다.

상대를 보는 마음의 시선이 변하고,
그들을 이해하는 역량이 확장되고,
불편한 상황을 개선하기 위한 용기를 낼 수 있고,
서로가 더 유익한 해결을 위해 노력할 수 있는 지혜가
대화에 있으니까요.

대화를 잘하고 싶다면 두 가지를 기억합시다.

하나, 우리는 언젠가 이 세상을 떠나는 유한한 존재입니다.
오늘을 살아가지만 하루를 더 죽어가고 있습니다.
그래서 살아가는 것living은, 죽어가는 것dying과 동일한 의미입니다.
오늘 아침 가족에게 모질게 내뱉은 말 한마디가
사랑하는 가족이 들은 인생의 마지막 말이 될 수 있습니다.

우리가 유한한 존재임을 늘 기억하는 일은
삶에서 중요한 것이 무엇인지 알게 해주고
어떻게 말하고 들어야 할지에 대한 지혜를 줍니다.

둘, 말과 행동을 내가 선택할 수 있음을 믿습니다.
"나 오늘 힘들어"라는 상대의 말(자극)에
'이 사람도 나처럼 오늘 힘들었구나. 우리 모두 휴식이 필요하네'
라는 생각을 할 수 있겠죠.
잠시만 차분히 생각하며 자신의 반응을 선택할 수 있다면
간단한 대화만으로도 관계에서 큰 차이를 만들어냅니다.

마음속의 심리적 공간에 서서
이 상황에 대해 궁금한 마음을 가지고
멈추어 숨쉬며 나의 말과 행동을 선택하는 연습을 해볼까요.

코끼리는 두 개의 넓고 큰 귀를 지녔습니다,
귀를 열고 상대의 말을 잘 들어보기 위해.
코끼리의 입은 보이지 않지만 존재합니다,
중요한 순간에 입을 열어 마음을 표현하기 위해.
코끼리는 취약한 아기 코끼리를 함께 키우는 공동체 동물입니다.
그들처럼 위로와 공감이 필요한 누군가를 함께 돌보는
우리가 되어봅시다.
비난과 폭력 대신
사랑과 존중의 태도가 우리 관계의 양식이 되도록,
연습해봅시다, 조금씩, 천천히.

나의 결심 남기기

대화 연습의 목표

"나는 이 책을 통해서

_____ 와

_____ 관계가 되고 싶습니다.

이것은 내 삶에

_____ 의미가 있습니다."

|| 차례 ||

프롤로그 대화는 일상의 치유입니다 • 5

Chapter 1 대화를 어렵게 만드는 이유 • 16

대화에 실패하는 이유 - 자동적 생각 • 20
자동적 생각이 만들어내는 단절의 대화 • 22
자동적 생각의 원재료 - 인지오류 • 32
생각보다 더 깊이 자리 잡은 내면의 기준 - 핵심 신념 • 38
자동적 생각, 인지오류, 핵심 신념의 관계 • 78

Chapter 2 사람과 사람 사이를 이어주는 방법 • 80

관찰과 자동적 생각 구별하기 • 84
감정과 감각 알아차리기 • 88
핵심 욕구와 가치 • 94
요청과 강요 인식하기 • 104
자기인식 프로세스 • 111

Chapter 3 나를 보호하며 상대의 말 들어보기 • 116

상대의 이야기를 공감하며 듣기 • 120
듣기 힘든 말을 이해하며 듣기 • 128
악의적인 말을 해석하며 듣기 • 136

Chapter 4 내 마음을 표현하는 말하기 · 144

요청하기 · 148
화날 때 말하기 · 160
미안할 때 말하기 · 172

Chapter 5 건강한 관계를 위한 나눔 연습 · 186

거절 다루기 · 190
거절 말하기 · 194
[거절 듣기 연습 1] 행위와 존재를 구별합니다 · 206
[거절 듣기 연습 2] 상대의 핵심 욕구만 찾아서 말해주세요 · 208
중재하기 · 217
감사 나누기 · 228

기억해주세요 - 연결의 계단 · 238
자동적 생각에 따른 감정 인식 연습표 · 240
감정 목록 · 242
욕구 목록 · 243

누군가의 말을 듣거나 행동을 보았을 때(자극)
그 자리에서 잠시 멈추어 조용히 숨을 깊이 쉬어보세요.
궁금한 마음을 가지고 의도에 대해 생각해볼 수 있다면(공간)
지금까지와는 다른 대화(반응)를 나누고,
우리가 원하는 관계를 맺을 수 있습니다(선택).

Chapter 1

대화를 어렵게
만드는 이유

대화에 실패하는 이유 - 자동적 생각
자동적 생각이 만들어내는 단절의 대화
자동적 생각의 원재료 - 인지오류
생각보다 더 깊이 자리 잡은 내면의 기준 - 핵심 신념
자동적 생각, 인지오류, 핵심 신념의 관계

건강한 대화를 방해하는 것들은
나도 모르게 떠오르는 말들(자동적 생각)
다양한 모습으로 왜곡되는 생각(인지오류)
굳어져버린 성격과 세상을 살아가는 판단 기준(핵심 신념)입니다.

대화에 실패하는 이유
- 자동적 생각

'인격' 때문이 아니라 '생각' 때문이에요.

"다시는 너랑 대화하나 보자."
이런 말을 주고받으며 상대와 등을 돌린 적이 있나요?
이러한 대화는 서로를 단절시키고 후회하게 만듭니다.
"네 덕분에 마음이 편안하고 이제 뭘 해야 할지 알겠어."
이러한 대화는 서로 연결되어 행복하고 벅찬 느낌을 줍니다.

둘의 차이는
'순간적인 생각'에서 나옵니다.
뜻대로 되지 않을 때,
상대의 인격을 비난하거나 자기 자신을 미워하죠.
그래서 상대와 관계를 끊어버려야 한다고 생각하거나
자기 자신을 비난하고 탓하며 우울해합니다.

대화를 잘하고 싶나요? 그렇다면 관점을 조금 전환시켜보세요.
관계를 바꾸고, 대화 패턴을 바꾸고 싶다면
'그때 나도 모르게 떠오르는 순간적인 생각,'
즉 자동적 생각 때문에 실패했음을 분명히 기억하면 좋겠습니다.
이유를 인격에 두면 대화와 관계가 바뀔 가능성이 사라지지만
생각에 두면 변화의 희망이 있습니다.

자동적 생각이 만들어내는
단절의 대화

상대와의 연결을 어렵게 만드는 '단절의 대화 패턴'은
자동적 생각Automatic Thought에서 비롯됩니다.

이 자동적 생각은 여섯 가지 형태로 드러나요.

- 판단하고
- 비난하고
- 강요하거나 협박하고
- 비교하고
- 당연시하고
- 합리화하지요.

판단

비난

강요·협박 비교 당연시 합리화

1. 판단

"저 사람은 나를 무시했어."
"그 사람은 다정한 사람이야."

이런 판단은 나만의 확신으로 결정하는
'자기만의 생각의 틀 frame'에서 비롯됩니다.
상대의 말, 행동, 인격에 대해서
자기의 기준으로 '옳다, 그르다'라고 해석하는 것이지요.
사람은 모두 자기만의 옳고 그른 기준을 갖고 살아갑니다.
저마다 살아온 환경이나 경험이 다르기 때문에
당연히 사람마다 기준도 다르지요.
이 판단은 긍정적으로도 부정적으로도 나타나며
부정적 판단은 상대에 대한 비난으로 이어지기도 합니다.

2. 비난

"넌 형편없는 인간이야."

비난은 판단의 한 형태지만
부정적인 해석을 곁들여
'상대가 문제라는 생각'을 포함하는 표현입니다.
내 잘못은 없고 상대가 잘못했다는 것을 전제로 하기 때문에
상대는 비난을 받아 마땅하고,
부정적인 딱지를 붙여도 괜찮다고 생각하게 됩니다.
문제의 원인이 상대라고 믿으면
상대를 비난하는 말을 거리낌 없이 하게 되지요.

3. 강요·협박

"좋은 말로 할 때 시키는 대로 해라."
"억울해도 내가 참아야만 살아남을 수 있어."

강요나 협박은 실질적 폭력, 무력이나 두려움을 활용해서라도
상대를 움직이게끔 하기 위해 하는 말입니다.
무언가 잃을 것만 같은 두려움,
피해를 볼 것 같은 공포를 주어서라도 상대를
(내가 원하는 대로) 움직이게 하는 것이 옳다고 믿을 때
거침없이 말하죠.
때로 힘 있는 사람이 힘이 약한 사람을 움직이게 할 때
습관적으로 사용하는 대화 방법입니다.
그것이 얼마나 폭력적인 방식인지를 깨닫지 못하고,
자신이 원하는 결과를 얻기 위해 무자비하게 휘두르고 맙니다.

4. 비교

"다른 사람들을 한번 봐. 네가 어떤지 안 보이니?"
"쟤는 안 그러는데 너는 왜 그래?

비교는 상대가 내가 원하는 대로 하지 않을 때
수치심을 주어서라도
상대를 고치겠다고 생각하며 하는 말들입니다.
무언가 잘못했다고 생각하게 만들고 행동하게 만드는 말입니다.
이런 비교를 들은 사람은 자연히 수치스러움을 느낍니다.
어릴 때 비교의 말을 많이 들으면
긍정적인 자아상을 갖기 어려울 수 있습니다.

5. 당연시

"이 정도는 당연히 해야 하는 거 아냐?"
"내가 바보 같으니 이런 취급 받는 게 당연하지."

당연시는 '인간이라면 마땅히 해야 할 일'을
상대나 자신에게 암묵적으로 강요하는 대화 방식입니다.
그런데 '당연히'라는 기준은 지극히 주관적입니다.
말하는 사람의 주관적 틀과 기준에서,
서로에게 죄책감을 주고 무력화시킬 때 자주 쓰는 말이니까요.

역설적이게도
"무슨 이유가 있어. 당연한 거지"라는 말에는
'이걸 왜 해야 하는지 설명할 수 없어, 나도 모르니까 묻지마'라는
생각이 담겨 있기도 합니다.

6. 합리화

"널 비난하는 건 너에게 문제가 있기 때문이야."
"네가 제대로 하면 내가 화낼 일이 없지."

합리화는 자신의 행위에 대한 반성이나 성찰보다는
남 탓을 하고 남에게서 이유를 찾는 대화 방식입니다.
자신의 죄책감을 건강하게 표현하지 못하고
상대에게 더 아픔을 남기곤 하지요.
"어쩔 수 없었어. 네가 날 화나게 했잖아"라는 식으로 말이지요.
결국, 자신의 언행이 단지 상황이나 상대 때문이라고 생각하면서
자신은 그 불편함에서 벗어나기 위해 사용하는 패턴입니다.
이런 식의 합리화는 자신은 편안해질지 모르지만
듣는 이에게는 깊은 불편함을 남기게 된답니다.

생각은 감정과 행동을
결정하기도 해요.

생각을 어떻게 하는지에 따라
감정이나 행동이 바뀌고
그 결과, 대화도 당연히 달라집니다.

생각이 감정에 어떤 영향을 주는지 보세요.

'나는 좋은 부모가 아니야.' → 죄책감이 느껴지고 불안해요.
'나는 쓸모없는 인간이야.' → 무기력해지고 우울한 마음이 들어요.

생각은 행동에도 영향을 준답니다.

- **힘을 가지고 싸우게 만든다.**

  '나를 무시하는구나.' → 다른 사람에게 가서 흉을 보거나, 당사자와 다투
  어요.

- **도망가고 피하게 만든다.**

  '이번 시험에 실패하고 말 거야.' → 늦잠 자고 안 가거나, 공부를 아예 안
  해요.

- **압도되어 아무것도 할 수 없게 된다.**

  '발표도 제대로 못하고 난 제대로 하는 게 없어.' → 머릿속이 하얘지며
  아무런 행동도 하지 못하게 돼요.

자동적인 생각은
우리의 말과 행동, 감정에 많은 영향을 주죠.
이런 생각이 상대를 향할 땐 공격이 되지만
자기 자신을 향할 때는 더 큰 고통이자 비극일 수 있답니다.
그래서 사람들은 때로 이런 자동적 생각을 멈추고 싶어해요.
그러나 우리는 죽을 때까지 자동적 생각을 하게 될 거예요.

건강한 대화를 연습하기 위해 필요한 건
부정적인 생각을 멈추는 것이 아니에요.
긍정적인 생각을 하려고 노력하는 것도 아니고요.

긍정적인 생각이든 부정적인 생각이든
'마음에 떠오르는 자동적 생각을 알아차리는 훈련'이
가장 중요합니다.
꼭 기억해주세요.

자동적 생각의 원재료
- 인지오류

판단, 비난, 강요·협박, 비교, 당연시, 합리화하는 6가지 패턴의 말,
이러한 자동적 생각의 말들은
건강한 대화를 가로막는 말하기 방식이라고 배웠습니다.
인지오류는 이런 여러 가지 자동적 생각을 만들어내는
생각의 에너지, 원재료입니다.
저마다의 경험과 학습을 통해 생기는 왜곡된 생각들이랍니다.

우리의 머릿속은 늘 생각으로 가득 차 있지요.
그런데 이 생각이 괴로운 이유가 있어요.
자동적 생각에는 많은 오류가 있기 때문입니다.
사실, 진실과는 거리가 있는 주관적 판단과 생각이지요.

한겨울 아이스스케이트장을 보면서 한 사람은
'저기서 넘어지면 크게 다칠 거야'라고 생각합니다.
반면 다른 사람은
'저렇게 부드럽게 슥~ 나가니 얼마나 재미있을까?'라고
생각하지요.

같은 장면을 보면서 두 사람이 떠올린 자동적 생각은 왜 다를까요?
사람들은 저마다 다른 경험을 하며 살아왔고,
그 경험을 통해 학습한 것들도 모두 다르기 때문입니다.

결국 누가 맞고 누가 틀렸다는 것이 아닙니다.
그저 사람마다 생각이 다를 수 있는데
이런 생각들은 대화를 할 때 왜곡되게 표현될 수 있지요.
이것을 심리학에서는 인지오류라고 합니다.

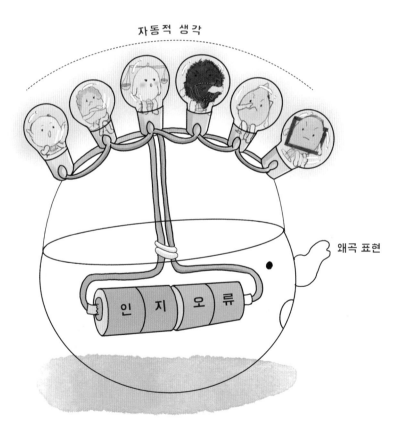

자동적 생각

왜곡 표현

인 지 오 류

아론 벡Aron T. Beck이라는 정신의학자는,
자동적 생각을 만들어내는 인지오류를
11가지 정도로 분류했습니다.
생각이 이런 오류에 빠지면 빠질수록
다른 사람과 대화를 하고 관계를 맺는 데 어려움을 겪게 되지요.

11가지 인지오류에 대해 간단하게 살펴볼까요?

1. 정신적 여과

여러 정보 중에서 전체가 아닌 일부만을
가지고 전체를 판단하는 것인데, 인지오
류 대부분이 정신적 여과를 포함합니다.

예) 김 과장 보고서는 체계적이고 분석력
이 좋아. 방향성만 보완하면 더 좋을
것 같아. → 결국 내 보고서가 별로라
는 얘기지.

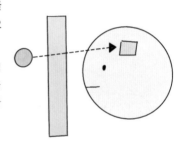

2.이분법적으로 생각하기

양극단적인 측면에서 판단하고 중간을 인정하지 않는 흑백논리의 생각이에요.

예) 1등 아니면 다 소용없어.

3. 과도하게 일반화하기

한두 번의 개인적인 경험을 통해 일반
적인 결론을 내리고, 무관한 상황에도
그 결론을 적용하는 것입니다.

예) 목소리 큰 사람들은 다 자기만 알아.

4. 비약적 결론

확인하지 않은 채 성급하게 결론을 내리는
것입니다.

예) 내가 보낸 메시지를 확인했으면서도 답
이 없네. 나를 무시하는 거야.

5. 과대평가 · 과소평가

사건의 의미나 중요성을 실제보다 과도하게 확대하거나 축소하는 걸 의미
합니다.

예) 책이 많이 판매된 건 운이 좋았을 뿐이에요. - 과소평가
나는 리더십이 좋다는 평을 들으니까 크게 성공할 거야. - 과대평가

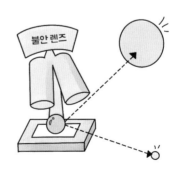

6. 감정적 추론

현실적인 근거가 없는 상태에서 막연한 감
정을 느낄 때 그 감정에 따라 결론을 내리
는 방식이에요.

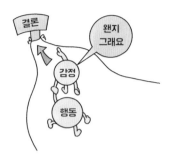

예) 아이들에 대해 죄책감이 들어. 나는 좋
　　은 엄마가 아니야.

7. 당위적 진술

'당연히', '반드시'라는 말을 사용해 의무를
강조함으로써 유연하고 개방적인 생각을 할
수 없게 만드는 방식입니다.

예) 아빠는 절대로 눈물을 보여서는 안 되고
　　강해야 해.

8. 명명하기

극단적이고 정당하지 않은 이름을 사람의 인격에 붙이는 것입니다.

예) 나는 실패자야.
　　너는 인생 낙오자야.

9. 개인화

자신과 무관한 사건인데도 불구하고 자신과 관련한 것으로 잘못 해석하는 것입니다.

예) 저 사람들이 웃는 건, 내가 우스워 보였기 때문일 거야.

내가
우스운가 보다

10. 재앙화

대안적인 가능성에 대한 고려 없이 최악의 부정적인 결과를 예상하는 생각이에요.

예) 애인도 없으니, 나는 이대로 평생 혼자 외롭게 살다 죽겠지.

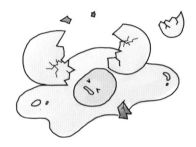

11. 독심술

타인이 어떤 생각을 하는지 물어보지 않은 채 다른 사람의 마음을 마음대로 추측하고 단정하는 생각이에요.

예) 너 지금 슬프지, 나는 네 얼굴만 봐도 딱 알아.

다 알아

생각보다 더 깊이 자리 잡은
내면의 기준
- 핵심 신념

인지오류가 자동적 생각을 만들어내는 에너지라면
핵심 신념은,
'나', '세상', '나의 미래'를 판단하고 규정하는
고착된 신념 덩어리예요.
한 사람이 갖고 있던 인지오류가
수많은 경험과 학습으로 인해 강화되어 굳어진 것이지요.

핵심 신념은 곧, '나'라는 사람을 대신하는 정체성으로 보입니다.
진짜 '나'가 아님에도 불구하고 말이에요.
그런 신념에 나름의 대처 방식을 곁들이면 '성격'이 됩니다.

자동적 생각에서 비롯되는 대화가
내가 의식하면서 이루어지는 것이라면
신념은 과거의 경험으로부터
깊이 내재화된 무의식적으로 작용하는 것입니다.
우리의 무의식에 단단하고 보이지 않게 존재하면서
우리가 의사결정을 하고 관계를 맺는 모든 방식에
결정적인 역할을 해요.
때로 우리는 왜 그런 마음이 드는지 모르고
왜 그렇게 생각하게 되는지 자신을 이해하지 못하기도 합니다.

긍정적으로 생각하고 싶어도 안 되기도 하고
누군가를 끊임없이 미워하거나 의심하기도 하고,
정확한 증거가 없는데도 불구하고
나를 무시하고 이용하는 것 같이 느끼기도 하죠.
살면서 때로 설명하기는 어렵지만
'왠지' 그런 것 같은 생각을 하고
나도 모르게 말하고 행동하며 살아가는 이유는
굳어진 신념들이 우리 내면에 존재하기 때문이랍니다.

왜곡된 핵심 신념은
대화를 가로막고, 관계를 단절시킵니다.

가끔 나 자신이 뭔가 꼬인 사람 같을 때가 있어요.
또 내 말을 상대가 꼬아 듣기도 하고요.
악의가 없음에도 불구하고 이해되지 않는 상황이 벌어지거나
관계 맺기에 어려움을 겪기도 합니다.

이렇게 점점 더 관계를 힘들게 하고
관계 자체를 단절시키는 것은 무엇 때문일까요?
우리 마음 안에서 고립된 순환 구조가 만들어지고,
그 안에 왜곡된 신념 체계가 작동하기 때문입니다.
세상을 조심해. 아무도 믿지마.
사랑은 부질없어. 이용당하기 전에 이용해.
자신을 내보이지 마. 그것은 약하다는 증거야.
남에게 어떻게 보이는지가 중요하니 너의 욕구는 무시해.
용서하지마, 반드시 복수해.
사람들은 날 좋아하지 않아. 나는 무가치해,
라고 믿게 되지요.

이런 신념들은 마치 눈에 착용한 렌즈처럼
우리 내면에 딱 붙어 있습니다.
빨간 렌즈를 끼고 세상을 보는 사람에게
아무리 "다양한 색이 존재해"라고 말해도 그건 믿기 어려울 겁니다.
이렇게 자신만의 신념의 색안경을 끼고 살아가면,
그 색으로 세상을 보고, 자신을 보고, 상대를 보고,
자신의 미래까지 그 색대로 가늠하게 됩니다.

상황이 점점 꼬이는 이유는
마음속 고립의 순환 구조때문입니다.

자신만의 색안경을 끼고 모든 것을 보다 보면
마음 안에 고립된 순환 구조가 만들어지고,
그 안에서 왜곡된 신념 체계가 작동하게 됩니다.
점점 최악의 상황을 생각하게 되지요.
그 과정을 예로 들어보겠습니다.

- **상황, 자극**

  "소개팅을 했는데 상대가 연락이 없어요."
  "그런데 연락을 먼저 못하겠어요."

- **자동적 생각**

  경험 - "이게 한두 번이 아니고요."
  기질 - "전 원래 내향적이에요."
  생각 - "또 까인 거죠. 누가 절 좋아하겠어요. 저도 제가 별론데."

- **신체적 감각, 감정 인지**

  감각 - 온몸에 기운이 빠지고 눈물이 난다.
  감정 - 우울하고 슬프다.

- **안전 행동**

  회피 - 다시는 소개팅을 하지 않고. 친구들도 이제 더 이상 소개하지 않는다.

- **심리적 현실화**

  사회적 자아 - '나는 혼자구나.'
  사회적 관계 - '사람들은 나를 좋아하지 않는구나.'

'아무도 나를 좋아하지 않아. 찾지 않아.'

→ 사실은 자기가 만남 자체를 피하고 있음을 인식하지 못한다.

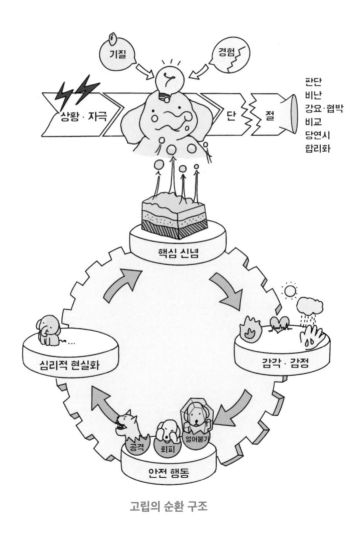

고립의 순환 구조

핵심 신념은
관계와 대화를 결정하는 중요한 변수입니다.

누구나 자신의 성격 중
좋아하거나 싫어하는 모습이 있을 거예요.
흔히 성격은 고치기 어렵다고 하지요.
맞아요. 성격은 정말 고치기 어려워요.
살면서 뭔가 불편한 상황이 생기면
나도 모르게 나의 이상한 모습이 튀어나올 때가 있지요.
이런 반복적인 행동을 성격이라고 합니다.
성격은 이미 신념이 외적으로 드러난 행동이라고 해석할 수 있지요.

이런 우리의 신념은 나쁜 걸까요?
그렇지 않습니다.
이런 신념과 대처 방식들은 그때 그 순간만큼은,
우리를 보호하고 돕기 위해서 존재한 겁니다.
그러니 없애버리려 하기 전에
따뜻하게 인정해주는 것이 먼저입니다.

생각해보면
누군가를 공격했던 방식도 우리를 보호하기 위해서였고,
무언가로부터 도망가려고 했던 방식도 마찬가지였을 거예요.
상대에게 굴복했던 것 역시
서로의 관계를 지켜내기 위해서였을 거예요.

그래서 우리가 살아왔던 모든 순간과
우리가 관계를 맺고 대화했던 모든 방식은
비난받기 보다는 수용받을 가치가 충분합니다.

그러나 이제는 좀 더 건강한 방법을 찾을 때가 되었습니다.
도망치고 싸우고 굴복하는 방식보다 조금 더 건강한 방식 말이지요.

핵심 신념은 곧 대화로 나타납니다.
그리고 대화는 결국 관계의 질을 결정합니다.
그래서 앞으로는 대화를 배우면서
자연스럽게 굳어져버린 신념을 이해하고
따뜻하게 녹여가면서 우리 자신의 변화를 경험하려 합니다.

먼저 핵심 신념을 잘 살펴보고,
마음속 고립의 순환 구조를 빙빙 돌면서 상황이 더 꼬이기 전에
그 고립의 순환 구조에서 천천히 나와야 합니다.
그러니 자신을 나무라지 말고 보듬어주면서
서로에게 유익한 방법을 찾아보길 바랍니다.

대화를 연습하다 보면 성격이 고쳐지고,
성격이 달라지니 말과 행동이 달라져서
전혀 다른 인생을 살게 되는 사람들이 있습니다.

그 첫 번째 비결은
어떤 신념들이 우리 안에 존재하는지 '아는' 것에서 시작됩니다.

우리가 갖고 있는 다양한 핵심 신념들을 찾아보세요.

대화에는 신념을 녹여낼 건강한 치유의 힘이 있습니다.

그동안 자신만의 색안경을 끼고 있었음을 스스로 인식하고,
그 안경을 벗고 자연스러운 눈으로,
있는 그대로의 모습을 관찰할 수 있게 되면,
사물과 사람들이 갖고 있는 다양한 본연의 색을 볼 수 있겠지요.

우리가 가진 신념도 그렇습니다.
어려서부터 견고하게 형성해온 신념은 한 번에 사라지지 않아요.
신념은 충분히 알아보고 천천히 인식하고 조금씩 녹여가는 거지요.

'아, 내가 이런 신념을 갖고 사는구나.'
'저 사람은 저런 신념을 갖고 살아가고 있구나.'
이런 것들을 알아가면서 때로 슬프기도 하고 울기도 하고
때로는 가슴이 아프고 화가 나기도 한답니다.

건강하지 못한 왜곡된 핵심 신념을 다루는 이유는,
서로를 판단하고 바꾸기 위해서가 아니라
자신을 수용하고 서로의 다름을 이해하기 위해서입니다.
모두가 다른 삶을 살아왔고
다른 경험과 배움을 지녔으며
그를 통해 다른 신념이 만들어졌으니까요.
대부분의 사람은 어느 정도의 왜곡된 신념을 갖고 살아갑니다.
건강하지 못한 신념들은 내면에서 끊임없이 말을 만들어내지요
그런 말을 듣다 보면 가슴 아픈 방식의 대화를 하게 됩니다.

이런 신념들의 목소리를 경청하고 존중하되
건강하게 관계를 맺고 살아갈 방법을 다시 찾을 필요가 있습니다.
건강한 목소리를 다시 배우고, 말하는 거지요.
건강하지 못한 목소리를 부드럽고 단호하게 다루기 위해
우리는 건강한 목소리를 지닌 대화를 다시 배웁니다.
그래서 대화는
단순히 상대와의 관계를 좋게 하는 기술 이상의 것이고
그 이상의 내적인 치유 과정이 됩니다.

내 안에 어떤 핵심 신념이 있었는지 찾아보고,
내면의 '건강한 어른'을 발견하는 연습을 해볼까요.

1. 버림받음의 신념 :

'나는 결국 혼자 남겨질 거야. 사람들은 나를 떠나겠지. 버려지지 않으려면 내가 먼저 떠나는 것도 좋은 방법이야. 그렇지 않으면 나는 더 힘들어질 테니까. 아니면 혼자되지 않기 위해서 내가 더 잘해야 해.'

이 신념이 강한 사람들의 내면은
쉽게 상처받고 평정심을 유지하기 어려워요.
누구든 아무리 잘하려 노력해도
상대로부터 이별을 통보받을 수 있고, 거절당할 수 있습니다.
거절이 자신을 거부하는 것은 아니라는 걸 아는 것이 중요합니다.
누구라도 겪을 수 있는 자연스러운 경험이지요.

생각해보면 만남도 헤어짐도 반복하는 게 인생이지요.
그래서 상대로부터 거절당하는 것은 불편한 일이 분명하지만,
슬픔을 애도하고 잘 흘려보낼 수도 있어요.
외로움도 불안도 스스로 인식하고 바라보는 연습을 통해
궁극적으로는 온전한 자신, 건강한 관계를 연습해야지요.
어린 시절 버림받았던 기억은
그때의 기억일 뿐임을 알아가면서 말입니다.
사람의 마음 안에는 여린 아이도 있지만
자기 자신을 지켜줄 건강한 어른도 있답니다.

2. 불신의 신념 :

'나는 아무도 믿을 수 없어. 사람들은 항상 자기 자신의 이익을 추구하기 위해 상대를 이용하려고 해. 누군가를 믿는다는 것은 어리석은 일이야. 이용당하지 않으려면 항상 긴장하고 정신을 똑바로 차리고 있어야 해.'

이 신념을 갖게 되면 감정이 늘 혼란스럽습니다.
진실인지 거짓인지 판단해야 하는데
그것을 매 순간 알 수 없으니 혼란스러울 수밖에요.
누군가를 믿지 못하니 관계는 피상적일 수밖에 없습니다.

이 신념에 사로잡힌 사람이라면 가장 먼저,
내가 겪은 학대, 불신의 경험은
'당시 그 사람'과의 관계였을 뿐임을 인지해야 합니다.
누군가에게 당할까 봐 불안한 자신의 모습을 보게 된다면,
부드럽게 다시 배울 필요가 있습니다.
세상에는 어둠이 있듯 빛도 있고,
불신이 있다면 신뢰가 존재한다고 말입니다.

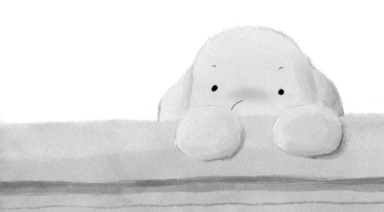

작은 선의도 믿어보세요.
작은 미소도 감사로 받아보세요.
소중한 사람들에게 "믿는다"고 말해주세요.
또한 그들에게 "믿어주어서 고맙다"고 말해보세요.
이렇게 삶 속에서 신용을 하나하나 쌓고
신뢰 관계를 만들어가 보는 겁니다.
불신과 신뢰를 구별하며 분별력 있게 살아가는
연습을 통해서 말이죠.

3. 정서적 박탈감의 신념 :

'나는 사랑받지 못하고, 내가 원하는 욕구는 충족되지 못할 거야. 사람들은 내가 원하는 것을 알아주지 않을 거고 결국 나는 중요하게 여겨지지 못할 거야.'

이런 신념을 가진 사람이라면
'알아서 나를 만족시켜 봐'라고 생각하면서 돌려 말하고,
떠보면서 구체적으로 대화할 줄 모르지요.
사랑받고 이해받고 싶으면서도
말이나 행동으로 표현하지 못하여
사랑받고 이해받고 싶은 욕구는 좌절되고 맙니다.
결국, 그런 신념이 친밀감을 경험하지 못하게 막아버립니다.
그렇게 이 신념은 더 강하게 굳어지기도 합니다.

정서적 박탈감의 신념으로 괴로워하는 사람이라면
작은 일에도 "괜찮다"고 말하며 스스로를 많이 아껴주세요.
속으로 상대가 무언가 해주기를 기다리지 말고
스스로 자신의 욕구를 충족시키려는 노력이 필요합니다.
우리에게는 상대가 채워주지 못해도
스스로의 욕구를 충족시킬 힘이 있다는 것을 기억하기로 해요.

4. 결함의 신념 :

'나는 문제가 있어, 내 진짜 모습을 알면 사람들은 실망할 거야. 나라는 사람은 가치가 없고 별것 아니야.'

어떤 사람은
"너는 참 괜찮은 사람이야"라는 말을 듣기 불편하다고 합니다.
왜 그럴까요?
내면에서 자기 자신에 대한 믿음과
상대의 피드백이 너무 상반되어 혼란스럽기 때문이지요.

이런 결함의 신념이 강하면
수치심이 크고 비교의식이 커지고
대화에서는 종종 "누구보다~"라는 말을 자주 사용하게 되지요.

자신에 대한 평가는 늘 타인과 견주고,

대개 자신보다 좋아 보이는 사람을 찾아
자신의 무능력함을 확인합니다.
자신을 있는 그대로 수용할 수 없게 만드는 무서운 신념이에요.

매일 매일 작은 일이라도, 자신을 칭찬하세요.
이럴 때 속으로
'누구나 할 수 있는 걸 가지고 무슨 칭찬을 해'라고
평가절하하는 말이 들려올 겁니다.
하지만 '아니야! 나는 있는 그대로 가치 있는 존재야'라고
강하게 자신에게 말해줘야 합니다!
완벽한 사람이 되기 위한 노력보다
어떤 모습이든 충분히 사랑받을 가치가 있음을 믿는 것이
중요하니까요.

5. 사회적 고립의 신념 :

'나는 겉도는 것 같아. 지금 여기 있는 사람들과 나는 어울리지 않아. 물과 기름 같은 기분이 들어.'

사회적으로 느끼는 고립감은 어색함과는 다른 종류입니다.
공동체나 그룹에 속해 있으면서도
'난 이 모임에 적합한 것 같지 않아'라고 생각하게 만들지요.
맞지 않는 신발을 신고 걸어다니는 기분이랄까요?
자신과 자신을 둘러싼 공동체와의 관계에 대한 기분이지요.

격리된 기분과 외딴 섬에 있는 것 같은 기분을 포함해서,
공동체 안에서 자신의 행동을 위축시키고 회피하는 힘으로
작동합니다.

물론 이 신념이 있어도 겉으로 볼 때
관계를 건강하게 맺는 것처럼 보일 수 있지만,
집단이나 공동체, 조직 및 단체 활동에서 문득 고립감을 느끼고,
어딘가에 소속되고 싶은 마음에 정처 없이 돌아다니게 되지요.

자신의 신념을 반드시 바꾸려고 하기보다
스스로 무엇을 원하는가를 깊이 인식하고
그런 삶을 위해 작은 노력이라도 할 필요가 있습니다.
사회적으로 늘 단절된 기분을 느끼고 있다면
아주 작은 역할을 맡아보거나 주변 사람에게 작은 도움을 요청해서
그 속으로 자연스럽게 들어가는 연습을 해보면 어떨까요.

6. 의존의 신념 :

'나는 혼자서는 할 수 없는데, 네가 같이 있어주면 좋겠어. 도와줘.'

누군가가 판단을 내려주지 않으면
어떤 결정도 못할 것 같은 기분이 듭니다.
아무런 무기도 가지지 못한 채
험난한 전쟁터에 혼자 던져진 기분이지요.
그래서 혼자 해야 하는 상황이 몹시 부담되고 불안합니다.
만일 지나친 과보호를 경험해서 스스로 아무것도 해보지 않았거나
반대로 완전한 방임 상태에서 자라
모든 것을 혼자 해야만 했던 사람이라면
이런 신념이 자리했을 수도 있습니다.
모험이나 도전은 삶에 장애가 되었을 테지요.
더 넓은 세상으로 나아가지 못하게 만드는,
답답한 신념이랍니다.

일상의 작은 일들, 당연히 혼자 해야 하는 일들을 적어보세요.
그리고 가장 쉬운 일부터 혼자의 힘으로 해보는 겁니다.
부탁할 일까지 혼자 하라는 이야기가 아니에요.
혼자서 할 수 있는 일들을 늘려가면서
혼자 할 수 있는 능력이 있음을 확인하고
스스로의 자존감을 키워보는 훈련을 이야기하는 거랍니다.

7. 취약성의 신념 :

'왠지 안 좋은 일이 생길 것만 같아. 언제 어디서 위험이나 재난이 닥칠지 모르니 항상 긴장하고 조심해야 해.'

불안도가 높은 부모 밑에서 자랐다면,
일상을 살아갈 힘을 키우기보다는
자신의 안전을 지키는 데에만 온 에너지를 사용하게 된답니다.
취약성이 모두 공황 증상으로 나타나는 것은 아니지만
공황 증상은 주로 이런 취약성에서 비롯되는 몸의 감각 현상이지요.
이런 경험을 하면 관계 자체가 매우 제한적으로 되지요.
주변인들도 안전해야 하니까 그들에게 제약을 가하게 되고,
자신도 모르게 "안 돼. 조심해"라는 말을 많이 하게 됩니다.

만약 이런 신념을 지녔다면
'지금 이 순간 내가 안전하다는 것을 인식하고,
일상에서 명상하는 연습'을 꾸준히 할 필요가 있습니다.

지금 그 자리에서 조용히 눈을 감고
천천히 심호흡을 6번 정도 해보는 훈련도 유용합니다.
또한 주변에 이런 신념을 지닌 사람이 있다면
이 신념을 이해하고 도와줄 필요가 있습니다.
일상적 일들이 그들에게는 얼마나 큰 위협으로 느껴지는지 이해하고
손을 잡아주고 미소를 지어주고
오늘 하루 잘 지낸 그들에게
내일도 괜찮을 거라는 말 한마디를 건네줄 수 있다면 좋겠습니다.

8. 실패의 신념 :

'결국 실패할 건데, 어차피 안 될 건데, 무슨 소용이 있을까?
나는 해봐야 안 돼.'

작은 실수도 커다란 실패로 인식하게 만들고,
때로는 무의식적으로 최선을 다하지 않음으로써
실패를 부르는 행동을 일부러 하게 만듭니다.
자신의 실수에 대한 부정적 평가는
자신의 존재(바보 같은 존재)로 이어지게 되지요.

이런 신념을 지니게 되면
자신의 능력이 충분히 외부에서 인정을 받고 있음에도 불구하고
더 낮은 수준의 일을 하거나 전혀 다른 일을 합니다.

성공의 반대는 실패가 아니라
도전하지 않는 것이라는 말이 있습니다.
아주 작은 일이라도 성공했거나 끝까지 마친 일을 축하해주세요.
어쩌면 삶이라는 건 큰 이벤트가 아니라
소소한 일상의 누적 아닐까요.

9. 부정성의 신념 :

'세상은 문제가 많아, 삶은 문제와 걱정의 연속이야.'

무언가 잘 되어도 잘못되는 결과가 따라올 거로 믿고,
잘 되는 것은 우연, 잘못되는 것은 필연이라는 비관적 해석을 하지요.
비관적이고 부정적인 인식이 강해
어떤 일을 시작하기도 전에 최악의 경우를 생각해놓아야
마음이 조금 편하다고 할까요.
남들이 보면 늘 불평불만과 걱정이 많은 사람으로 보입니다.
어려서부터 부모님이 부정성이 강한 사람이었다면
이런 영향을 받았을 수 있습니다.

함께 하는 사람들이 나의 부정성으로 인해 지치지 않고,
내가 행복해질 수 있도록 작은 것의 성공을 축하하고
우연이 아니라 노력의 결과임을 받아들이는 연습이 필요하겠습니다.
작은 일에도 "기쁘다", "잘 되었다", "잘 될 거야"라고 말해보세요.
또 문제가 보일 때 거기에만 매몰되지 말고
잘 되고 있는 것도 꼭 균형 있게 찾아보세요.

10. 특권의식의 신념 :

'나는 남들과 달라. 난 예외이고 특별해.'

특권의식의 신념을 가진 사람은
남들의 감정과 입장을 전혀 고려하지 않은
이기적 언행 때문에 타인이 얼마나 고통스러운지 알지 못해요.
어떤 노력이나 정당한 과정 없이 수단과 방법을 고려하지 않고
남들을 무시하고 자신의 우월함을 드러내고자 하는 신념은
삶을 고립시키고 외롭게 만들지요.
말 자체가 권위적으로 나오기 때문에 사람들이 좋아하질 않습니다.
멀리하고 싶어 하고 대화하고 싶어 하지 않습니다.

이런 신념에 사로잡힌 사람이라면
자신의 행동으로 인해 겪게 되는 최악의 결과들을
생각해봐야 합니다.
자신의 행동으로 인해 본인에게 좋지 않은 결과가 일어난다 해도
이 신념대로 행동할 가치가 있는지
꼼꼼히 따져볼 필요가 있습니다.

무엇보다 인간은 모두가 똑같이 귀하며 존중받을 권리가 있음을,
모두가 특별하고 세상에 하나뿐인 존재임을 알아야 합니다.

11. 굴복의 신념 :

'당신 마음대로 하세요. 저는 다 괜찮으니 마음 쓰지 마세요.'

자신이 원하는 것을 말하는 것 자체가 너무 불편하다면,
차라리 손해를 보고 끝내는 게 마음이 편했다면
이제 잠시 멈추어보세요.
자신의 욕구를 먼저 인식한다는 것이 미안하거나,
자신이 원하는 것을 말했을 때 처벌받을까 봐 두렵다면
아마도 어린 시절 부모나 양육자에 의해 힘으로
굴복당한 경험이 있을 겁니다.
아니면 양보할 때마다
"잘했다", "착하다"라는 말로 조종당해왔을지 모릅니다.

그렇게 살며 행복하지 않았던 순간이 있었다면
더 이상 착하게 살기 위해 굴복하지 마십시오.
그 착함의 결과가 나를 불행하게 만들 뿐만 아니라
타인을 더욱 권위적이고 폭력적으로 만들기 때문입니다.

12. 감정억제의 신념 :

'내 감정을 드러내는 건 옳지 않아. 이성적으로 해결해야 해.'

감정에 매몰되어 행동을 잘 조절할 수 없을까 봐 불안해하고,
감정을 인식하고 표현한다고 해서 나아지는 것도 없는데
왜 그래야 하는지 거북스럽다고 여기지요.
또한 나쁜 일이 생기지 않으려면,
자신의 감정을 억압하고 표현하지 말아야 한다고 믿습니다.
어려서부터 표현의 자유가 허락되지 않는 가정에서 자라왔다면,
무언가 말했을 때 지지받기 보다는 꾸지람을 들었다면,
마음에는 곪은 감정의 덩어리가 커다랗게 자리했을 가능성이 높아요.
이 신념이 강하면 자신의 감정을 표현하기 어려울 뿐만 아니라,
상대의 감정을 인식하며 듣는 것도 어렵고 어색해집니다.

봄, 여름, 가을, 겨울이 변해갈 때 마음이 어떤가요.
비가 오면 마음이 어떤지,
눈이 오면 마음이 어떤지,
부모님을 생각하면 마음이 어떤지,
지금 이 순간의 마음이 어떤지,
감정 목록을 보면서 단어 하나하나마다 읽고 찾아보세요.(242쪽)
일상의 작은 노력은,
무디어진 감정을 민감하게 바꿔주고
우리가 감정적으로 변화하며 살아 있음을 알려줄 거예요.

13. 가혹한 기준의 신념 :

'나는 멀었어. 아직 충분하지 않아. 좀 더 완벽하고 최고가 되어야지.
목표를 이루면 행복할 거야.'

남들이 아무리 인정해도 스스로 부족하다고 여기며 살아간다면
이 신념이 자신에게 있지 않은지 짚어보면 좋겠습니다.
어려서 부모로부터 조건적 사랑을 받으며 자랐거나
혹은 실패의 경험이 충격적으로 자리 잡았을 때도 마찬가지입니다.

이 신념은 결함이라는 단어와도 깊이 연결되어 있어
자신에 대한 자아상을 건강하게 만들지 못하게 합니다.
모든 것이 완벽해야 하고,
경쟁해서 잘 해내야 하고,
돈이나 사회적 지위가 높아야 한다고 믿고 살아왔다면
이 신념에 갇혀 있다고 볼 수 있습니다.
이 신념이 강하면 타인과의 대화는 매몰차고 관계는 단절됩니다.

자신과 타인에게 너그러울 필요가 있습니다.
"이만하면 되었다"고 해보세요.
"중간에 조금 쉬어가자"고 해보세요.
"오늘 하루는 아무 생각 없이 그냥 쉬어보자"고 해보세요.
만족을 목표를 이룬 이후로 미루지 말고
지금 이 순간을 인식하고 현재의 행복을 잡으세요.

14. 처벌의 신념 :

'잘못했다면 반드시 벌을 받아야 돼. 똑같이 갚아줘야지.'

용서는 없습니다.
이 신념은 인간다움의 너그러움이 부족합니다.

그 가혹함은 자신뿐 아니라 상대에게도 똑같이 적용되며
사회의 현상을 바라볼 때도 적용됩니다.
이해하고자 하는 다른 가능성은 존재하지 않습니다.
가혹한 부모 밑에서 자랐다면 이런 신념은 강해질 수 있습니다.
용서와 이해, 그리고 화해의 경험이 없을수록,
피해의 경험과 더불어 보상받지 못했던 경험이 깊을수록
이 신념은 우리 안에 강하게 자리 잡을 수 있습니다.
그래서 심하게 자책하기도 하고
벌을 마땅하다고 여기며 살아가게 됩니다.

우리에게 정말 필요한 것은 벌이 아니라
자신의 행동에 대해 책임지는 태도일 것입니다.
또한 서로에 대한 이해와 용서도 필요하지요.
일상에서 가족들의 실수에 대해서
이해하려고 노력해보세요.
상대의 사과도 용서하는 마음으로 들어보세요.
역설적이게도 잘못을 저지른 사람들이
너그러운 용서를 받았을 때 가장 깊이 반성하고 변하니까요.

자동적 생각,
인지오류,
핵심 신념의 관계

내가 갖고 있는 핵심 신념들은
관계와 대화를 사로잡는 덫이 되어
삶의 수많은 자극 속에서 충동적인 말과 행동으로 튀어나옵니다.
상황을 있는 그대로 보지 못하게 하고,
상대의 말과 행동을 관찰하는 것을 가로막습니다.
결국, 자동적 생각을 더욱 강화해
다른 사람과의 관계에서 더 깊은 고립감을 느끼게 만듭니다.

불편한 상황이 생기면 자동적 생각에 사로잡히고,
습관적이고 주관적으로 해석하고 행동하며 대화를 합니다.
자동적 생각은 과거에 내가 어떤 경험을 했는지,
그 경험을 통해 무엇을 배웠는지,
혹 어떤 기질을 가지고 태어났는지에 따라 달라지고
이때 인지오류라는
자동적 생각을 만들어내는 다양한 에너지가 그것을 강화시킵니다.

이러한 경험들이 많아지고 반복되거나
한 번이라 해도 인상적이고 강렬한 경험을 하게 되면
우리 내면에 확고하고 경직된 신념을 만들어냅니다.

이런 신념들은 나름의 대처 방식(싸움, 굴복, 회피)을 통해
생존 방식으로 나타나는데, 그것이 성격이 됩니다.
우리는 이런 바탕에서 대화를 하고 관계를 맺으며 살아가는 것이지요.

여러 가지 개념의 관계가 머릿속에 들어왔다면 이제 함께 대화를
연습해볼까요.

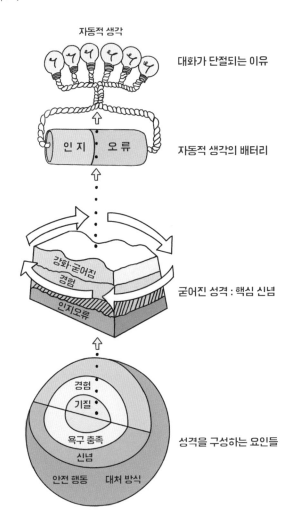

Chapter 2

사람과 사람 사이를
이어주는 방법

관찰과 자동적 생각 구별하기
감정과 감각 알아차리기
핵심 욕구와 가치
요청과 강요 인식하기
자기인식 프로세스

관계를 단절시키는 대화의 패턴이 있다면
관계를 이어주는 대화의 요소도 있습니다.
연결의 대화를 하는 데 필요한 요소에 대해 생각해봅시다.

관찰과 자동적 생각 구별하기

이제 준비가 되었나요?
우리는 떠오르는 생각을 억압하지 않을 거예요.
오히려 그 생각들을 모두 꺼내놓을 거예요.
대신 잠시 멈춰서
'아! 내가 이렇게 생각할 때 보고 들은 게 뭐였지?'라는
질문을 할 거예요.

생각은 사실이 아닐 수 있습니다.

우리는 때로 자신의 생각을 사실이라고 주장해요.
그리고 우리의 생각이 진실이라고 판단해요.
자신의 생각을 진실이라고 주장할 때 대부분 갈등은 심해지지요.
그러나 우리는 그렇게 기억력이 좋지 않아요.

생각해볼까요?
우리는 가끔 어제 무엇을 먹었는지,
무엇을 했는지도 기억 못합니다.
기억을 더듬어 추측할 뿐이지요.
인간의 뇌는 대부분의 정보를 망각하게 되어 있으니까요.
하지만 정보는 잊어버리더라도 그 정보를 경험했을 당시의
감정과 정서는 기억합니다.

그래서 많은 사람들은 싫어하는 사람을 떠올릴 때
왜 싫어하게 되었는지 구체적인 사건을
정확히 말하지 못하기도 합니다.
"이유는 많아요. 지금 다 기억하진 못하지만."
사실과 진실의 정보는 망각되었고
그 사람에 대한 정서만 남았기 때문이지요.

우리의 기억은 왜곡되기 쉽습니다.
그래서 더 이상 우리의 생각을 사실이라 주장하지 않을 거예요
그럴 때는 그냥 이렇게 말해주세요.
"제 기억으로는 이래요"라고요.
지금 눈에 보이고 귀에 들리는 것을 말할 때
이것을 '사실'이라는 이름 대신 '관찰'이라고 이름 붙일 거예요.

보이는 대로 보려는 노력,
들리는 대로 들어보려는 태도,
이것을 관찰이라고 정의내리겠습니다.

관찰은 대상, 행동, 말,
더 나아가서는 머릿속에 떠오르는 생각과 감정까지도
객관화된 다른 눈으로 바라보려는 의지적인 노력을 포함하는 거예요.

마음챙김의 예를 들어볼까요?
마음챙김을 기반으로 하는 명상을 하면,
감각과 생각을 떠오르는 대로, 느껴지는 대로 인식하지요?
관찰은 마음챙김에 있어 핵심이며 대화에도 그대로 적용됩니다.
그 훈련을 통해
'내 안의 생각'이 얼마나 나를 고통스럽게 만드는지 알게 되고,
나만의 잣대로 상대를 판단하며 얼마나 미워했는지도 알게 돼요.

1. '저 사람은 이기적이야.' - 자동적 생각

2. '다른 사람들에게 묻지 않고 창문을 여는 걸 봤어.' - 관찰

3. '그래서 내가, 저 사람은 이기적이라고 생각했구나.' - 자동적 생각 알아
   차리기

1번은 한 사람의 존재를 '이기적인 인간'으로 확정했지만,
2, 3번은 '저 사람을 이기적이라고 판단한 나의 자동적 생각'임을
분명히 하는 거죠.

관찰은, 대화할 때 가장 중요한 시작이 됨과 동시에
상대를 우리의 대화에 편안하게 개입시키는 평화로운 방법입니다.

생각이 기름이라면 관찰은 물이라고 생각해볼까요.
두 가지는 같은 곳에 있을 수는 있지만 섞이지는 않지요.
그렇게 구별만 하는 연습을 하는 거예요.

관찰과 생각을 구별하는 것,
그것이면 충분합니다.

감정과 감각 알아차리기

감각이 자연적인 몸의 신호라면
감정은 인지적인 해석이 된 신호지요.
감각과 감정에 대해 알아볼게요.

감각과 감정은 신호등 같은 거예요.

감각은 몸의 신호예요.
우리 몸은 외부의 자극이나 내부의 변화를 민감하게 감지해요.

예를 들어볼까요?
좋아하는 사람을 만나기 전에 몸은 어떤 변화를 감지할까요?
아마도 심장이 뛰고, 얼굴이 발그레해지고, 몸이 떨릴지 몰라요.

그렇다면 감정은 뭘까요?
감정은,
몸의 감각에 대해 우리가 생각하는 느낌의 이름을 붙이는 거지요.
심장이 두근거리고 얼굴이 붉어지는 감각에,
'벅참', '설렘'이라는 감정의 이름을 붙이듯이 말이에요.

그래서 감정과 감각은 둘 다 친한 친구이고,
우리의 현재 마음 상태를 알려주는 신호이며,
동시에 우리가 원하는 것이 무엇인지 알려주는 신호랍니다.

이 부분을 좀 더 자세히 알아볼까요?

우리는 감정을 이해하려 하지 않고
그저 감정대로 행동하려 합니다.

1. 감정은 우리의 판단에 따라 달라져요

우리가 누군가를 '좋다, 싫다'고 판단할 때
같은 감각을 느끼더라도 그것은 다른 감정이 되곤 합니다.
예를 들어, 좋아하는 사람이 다가올 때와
싫어하는 사람을 만나러 가는 중에
감각은 동일하게, 심장이 두근거리고 얼굴이 붉어질 수 있습니다.
그러나 동일한 감각이라 해도
싫어하는 사람을 만나러 갈 때는 '벅차고 설레'라고 하지 않지요.
'두렵고 거북스러운' 전혀 다른 감정을 느낄 수 있습니다.

2. 감정은 우리가 원하는 것에 따라 달라져요

우리가 원하는 것을 앞으로 '욕구'라고 표현하겠습니다.
욕구 충족 여부에 따라 감정은 달라진답니다.
욕구가 충족되면 '행복함'이라는 감정을 느끼겠지요.
욕구가 불충족되면 '좌절감'이라는 감정을 느낄 수 있고요.
또한
좋아하는 사람과의 사이에서 원하는 욕구는 '사랑'일 수 있고
불편한 사람 사이에서 원하는 욕구는 '정서적 안정'일 수 있습니다.

이렇듯 우리가 기대하는 욕구 충족의 여부에 따라
우리의 감정도 당연히 달라진답니다.
그러니 감정을 잘 인식하면 우리가 뭘 원하는지를 잘 알겠지요.
감정대로 행동하는 사람이 되지 않는 거예요.
그래서 감정을 인식하는 능력은
대화를 연습함에 있어서 정말로 중요합니다.

감정은, 억압하지 않고 수용되고 조절하는 거예요.

누구나 성격이 다르듯 기질도 다릅니다.
동일한 사건과 자극에 각각 다르게 반응하는 것도
자극에 반응하는 각자 타고난 '정서민감성'이 다르기 때문이랍니다.

그러나 우리는 모두
시간을 갖고 연습하면 감정이나 정서를 다룰 수 있습니다.
생각을 달리하거나 호흡 명상을 하거나
감정 자체를 억압하지 않고 있는 그대로 수용하는 연습을 통해서
말이에요.
이런 과정을 '정서조절'이라고 합니다.

정서민감성은 타고난 것에 가까워서 통제하기 쉽지 않지만,
정서조절은 우리의 전략이나 방법을 통해 조절이 가능하답니다.
즉 감정을 잘 조절할 수 있는 능력은,
어린 시절 어른들과의 관계에서 많은 영향을 받고,
나이가 들어서도 계속해서 개선될 수 있는 거예요.
결국 정서조절의 핵심은
감정을 억압하는 게 아니라 수용하는 데 있는 것이지요.

중요한 발표를 앞둔 상황일 때,
'심장이 두근거리고 있구나'라는 감각을 알아차리고,
'내가 긴장하고 떨고 있다'는 감정을 알아차린 후
심호흡을 몇 차례 깊이 해보거나
"제가 지금 긴장이 되고 좀 떨리네요"라고 말하고 나면

한결 마음이 차분해지고 긴장이 풀린답니다.
감정을 억압하지 마세요.
오히려 그 감정을 잘 알아차리고 수용하는 것이 핵심입니다.

자신의 감정을 섬세하게 이해할 수 있는 사람들은
감정을 건강하게 다루며,
타인과의 관계에서도 자신의 입장을 잘 전달할 수 있기 때문에
만족스러운 관계를 맺을 수 있습니다.
관계를 회복하기 위한 시작은
나의 감정을 섬세하게 이해하는 것이지요.
이제 감각과 감정을 이해하고 인식하는 연습을 해보면 좋겠습니다.

감정은 '원하는 대로 되었을 때'와 '원하는 대로 되지 않았을 때'
떠오르는 마음의 신호로 연습합니다. (242쪽 감정 목록 참고)

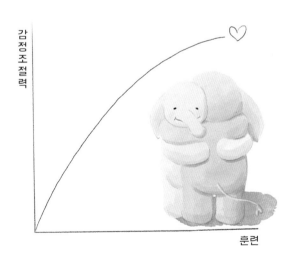

핵심 욕구와 가치

핵심 욕구는 우리가 대화하고 행동하는 결정적 힘이에요.

모든 사람에게는 필요하고 원하는 것,
즉 보석 같은 욕구가 있습니다.
그중 '지금-여기' 현재에 필요한 욕구를 핵심 욕구라고 하겠습니다.

인간은 대체로 자신이 내리는 의사결정의 기준이 되는
'가치'를 지니며 살지만
현재 나에게 필요한 '욕구'도 매우 중요합니다.
당장의 욕구가 충족되지 않을 때 불편한 마음을 느끼니까요.

정신의학자 윌리엄 글래서 William Glasser 는
인간은 기본적인 욕구를 가지고 태어나며,
욕구를 충족시키는 방식으로 행동이 이루어진다고 했습니다.
각자의 기본 욕구를 충족시키는 지혜로운 선택을 하도록 돕는 것이
건강한 삶을 살아가는, 변화의 최종 목표가 되는 것이지요.

그래서 욕구를 이해하는 일은
대화 훈련에 있어 가장 중요한 일입니다.
어떤 말을 한다는 것은 핵심 욕구가 있다는 것을 의미하니까요.
모든 사람들의 말과 행동은
핵심 욕구를 충족하기 위해서 겉으로 드러내는 표현일 뿐이랍니다.

욕구를 충족하는 책임은 각자에게 있어요.

앞에서 감정의 기저에는 욕구가 있다고 배웠지요?
누구나 자신이 원하는 상태가 있습니다.
만족스러울 때와 불만족스러울 때 그에 맞는 여러 감정을 느끼고요.
그렇다면 내 감정의 뿌리는 내 욕구임을 알 수 있고,
이는 내 감정에 대한 책임도 나의 욕구에 있다는 뜻이 되지요.

내 감정에 대한 책임이 내 욕구에 있듯이
상대가 느낀 감정에 대한 책임은 상대의 욕구에 있습니다.
즉, 각자가 느끼는 감정의 원인은 각자의 욕구에 있습니다.
이는 나중에 다룰 '화'에서도 중요한 개념이니 꼭 기억해주세요.

감정과 생각은 구별되어야 합니다.

감정은 욕구를 알려주는 신호라고 배웠습니다.
감정과 욕구는 아주 가까운 짝꿍인 셈입니다.
그런데 감정이 자꾸 생각이랑 붙어 있으려고 해요.
우리의 오랜 습관 때문인데,
감정과 생각은 구별될 필요가 있습니다.

대화를 할 때
다른 사람의 행동이나 말을 해석하는 '생각'과
마음에서 느껴지는 '감정'은 구별할 필요가 있습니다.

예를 들어, 학교 선생님께서 아이들을 지도하는 상황을 그려볼까요.
수업을 시작했는데 한 아이가 핸드폰으로 게임을 하고 있습니다.
선생님의 감정은 불편하고 걱정되고 섭섭할 거예요.
그 이유는
'잘 가르치고 싶고, 협조해주기를 바라는' 욕구 때문이지요.
이때 감정과 욕구가 이렇게 짝이 되어야 하는데
자꾸 감정이 생각이랑 짝을 지어요.
'저 학생이 나를 무시하는구나. 나는 무시당한 기분이야'라고요.

그러나 지금까지 배운 대로 생각해보면,
무시당한다는 것은 선생님의 자동적 생각과 판단일 뿐입니다.

무시당한다고 생각할 때
선생님이 느끼는 감정은 섭섭함과 걱정일 거예요.

"너 선생님 무시하니?"라는 식의 대화가 나오지 않을 수 있는 힘은
욕구를 인식하고 살아가는 연습에 달려 있습니다.
"선생님이 협조가 필요한데, 핸드폰 정리해줄 수 있겠니?"라는 말이
훨씬 더 학생의 마음에는 편안하게 전달될 테니까요.

그래서 감정을 느끼면 그 감정이 생각과 연결되지 않게
감정 밑에 숨겨져 있는 보석 같은 욕구를 찾아야 합니다.

욕구 차원에서는 갈등과 다툼이 발생하지 않습니다.

마음속의 욕구를 명확하게 인식하고 나면
자연스레 그 욕구를 충족할 수단과 방법을 찾을 수 있습니다.
그러나 각자가 원하는 욕구를 충족하기 위해
'옳다'고 믿는 '선호 수단'에 고착할 때는 갈등을 경험하게 되지요.
그 선호 수단은 대개 자신의 핵심 신념과 깊이 연결되어 있기 때문에
자신의 수단과 방법에 집착하기도 합니다.

그러나 사람 사이의 갈등은 욕구가 충돌해서가 아니라
욕구를 충족하기 위한 수단(방법)을 고집할 때 발생합니다.

상대를 이해하는 방법은
그도 나처럼 자신의 욕구를 충족하기 위해
최선을 다하고 있다는 것을 인정하고,
모두에게 유익한 방법을 찾을 수 있다는 희망을 붙잡고 있는 겁니다.

욕구는 보석, 대화는 보물찾기입니다.

우리는 자신의 욕구를 상대에게 표현하면
상대를 부담스럽고 불편하게 만들 수 있다는 생각 때문에
상대가 알아서 내 욕구를 파악하고 충족시켜주길 바랍니다.

그러다 보니 자라면서
서로의 욕구에 대해 건강하게 탐색하는 훈련을 하지 못했고,
그 욕구를 표현하는 관계를 경험하지 못했습니다.
또한 점점 더 자신의 욕구에 둔감해져서,
진짜 바라는 것이 무엇인지를 명확히 알기도 어려워졌습니다.

자신의 욕구를 잘 아는 사람들은 삶에 활기가 있습니다.
또한 어떤 일을 할 때 그 일을 왜 하는지 알고 있습니다.
상대를 볼 때도 상대가 그 행동을 왜 하는지 이해하려고 합니다.
반대로 욕구라는 보석을 인생에서 잃어버린 사람들은
웃음이 없고 늘 해야 하는 일에 치여 살지요.
왜 하고 싶은지보다,
무엇을 해야 하는지에 주목하니까요.
해야 하는 일에는 책임과 의무만 있을 뿐 기쁨이 없으니까요.

서로의 욕구에 대해 탐색하고, 건강하게 표현하는 것은
행복한 관계를 만들고 건강한 대화를 만들어줍니다.

자신이 원하는 욕구를
잃어버린 보물을 찾듯이 설레는 마음으로 발견해보세요.

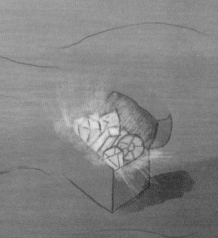

요청과 강요 인식하기

말하지 않으면, 알기 어려워요.

왜 요청할 필요가 있을까요?
(요청하고 부탁하는 대화의 기술은 'Chapter 4'에서 다시 다룰 거예요.)

건강한 자아를 가진 이는 타인에게 요청과 도움을 구하는 것을
상대와 더 가까워질 수 있는 기회로 여깁니다.
그러나 많은 사람들은 도움이 필요하다는 것을 알아도
상대에게 구체적으로 요청하지 않으면서 그냥 상대가 알아서 해주
기를 바라거나
심지어 알아서 해주지 않으면 비난하고 관계를 끊기도 합니다.

거절당할까 봐, 상처받을까 봐, 무능력해보일까 봐.
상대가 불편할까 봐, 빚지고 싶지 않아서,
요청하는 습관을 갖지 못해서 등의 수많은 이유로
상대에게 말하지 않습니다.

그러나 말하지 않으면서 기대했던 많은 날을 되돌아보면
상대와 대화할 기회조차 갖지 못하고
상대 역시 답답해했던 날들이 얼마나 많은지 알 거예요.

내가 말하지 않으면 상대는 알 수 없습니다.
내가 어디까지 혼자 할 수 있고,
어디까지 도움이 필요한지,
상대와 어느 부분을 함께 하고 싶고,
혼자 하고 싶은지 말하는 것은
상대를 나의 진정한 동반자, 혹은 파트너로 존중하는 과정임을
꼭 기억하세요.

대부분의 사람은 자신이 할 수 있는 일이라면
상대의 요청에 응하고 싶어 한다는 사실을 믿어보세요.

요청과 강요의 차이는
'기꺼이, 억지로'의 차이입니다.

사람들은 왜 강요를 할까요?
자신에게 힘이 있고, '내가 옳다'고 믿으면서
동시에 건강하게 요청하는 방법을 모르기 때문이겠지요.
그럴 때 사람들은 자신이 가진 '힘'을 사용해서라도
상대를 바꾸려고 합니다.

예를 들어, 자녀와의 갈등이 있을 때,
부모가 자신의 요구 사항을 자녀에게 '요청'하는 것이 아니라
자녀를 자신이 원하는 대로 바꾸기 위해 자신이 가진 힘을
강압적으로 사용하곤 하죠.

강요는 말하는 사람의 욕구가 담기지 않은 표현일 뿐 아니라
상대의 거절을 절대 허용하지 않겠다는 독한 의지를 품고 있습니다.
상대가 거절하면
수치스럽게 만들거나
두렵게 만들거나
죄책감이 들게 해서라도
자신이 원하는 것을 이루고야 말겠다는
독하고 폭력적인 에너지를 품고 있다고 할 수 있습니다.

반면, 요청은
요청하는 자의 욕구가 드러나고
상대의 거절에 마음이 열려 있는 표현이라 할 수 있지요.
자신의 요청을 거절하더라도 거절을 이해하고 수용하려 하죠.

거절이 오고가는 관계에는 깊은 신뢰와 심리적 안정감이 있고
폭력이 오고가는 관계에는 깊은 불신과 불안과 분노가
자리하고 있습니다.
이것이 둘의 핵심적인 차이입니다.

기꺼이와 억지로. 요청과 강요를 구별하는 단어입니다.

요청과 강요를 구별하는 것은
말의 기술이 아니라 관계예요.

싫어하지만 나보다 큰 권력을 가진 사람이 어떤 요청을 한다면,
그의 말을 거절하기 어려운 강요로 받아들일 가능성이 크지요.
그리고 싫어하는 사람이 나보다 큰 권력을 가졌다면
그의 요청에 "No"라고 말하기가 여간 어렵지 않을 거예요.
반대로 상대가 고맙고 사랑하는 사람이라면,
그 말을 요청으로 들으면서 기꺼이 해주고 싶을 겁니다.
흔히 말이 불쾌해서 들어주기 싫다고 하지만
사실은 이미 그 사람이 싫어진 후였기 때문일 거예요.
다른 이유를 만들어보지만
결국 그 사람이 싫으면 그의 요청은 언제나
무례하거나 생각이 없거나 경솔하다고 판단해버리니까요.

정말 좋아하고, 소중히 여기는 사람이라면
어떻게 해서라도 도와주고 싶고
만약 들어주지 못할 때는 그 이유를 상세히 말해주고
함께 다른 방법을 고민합니다.
왜냐하면 우리의 유전자 안에는
서로 돕고 협력해서 더 건강한 공동체를 유지하고 싶은
욕구가 있거든요.
그 욕구를 거스르는 이유 안에는
상처받은 경험과 싫어진 대상과의 관계가 자리할 뿐이지요.

자기인식 프로세스

속대화
- 먼저 마음속으로 대화해보아요.

엘리자베스 퀴블러 로스Elizsabeth Kübler-Ross는
자기 안의 침묵과 접촉하는 법을 배우라고 했습니다.
또한 일어나는 모든 일에는
나름의 목적이 있다는 것을 인식하라고 했습니다.

대화를 잘하고 싶다면 먼저,
반드시 우리가 언제 이 땅을 떠나 죽을지 모르는
예측 불가능한 삶을 살고 있음을 매 순간 기억할 필요가 있습니다.
그것은 잠시 침묵하면서 속으로 대화를 연습할
충분한 이유가 됩니다.
그 시간을 통해 우리는
자신의 말과 행동을 스스로 선택할 수 있는 힘을 기릅니다.

가끔 우리의 대화는 소음처럼 다가옵니다.
무슨 말을 하려 했는지, 어떻게 들어야 하는지 모른 채
서로 자기 이야기만 떠들고 나서 지친 마음으로 끝이 나지요.

그러나 어쩌면,
서로를 응시하는 따뜻한 시선,
한 방울의 눈물, 깊은 한숨과 부드러운 미소,
그것이 대화인지도 모르겠습니다.
최고의 대화란 대부분 깊은 침묵 속에서 이루어지니까요.

침묵 대화를 연습하는 이유는 두 가지입니다.
마음에서 이루어지는 침묵의 대화는
더욱 솔직하고
안전하기 때문이고

명료한 대화를 하기 위해 준비하는 시간을 주기 때문이지요.

침묵 대화, 속대화의 방법입니다.

- '내가 보고 들은 게 무엇이지?' - 자극을 관찰
- '지금 내 마음에서 느껴지는 건 뭘까?' - 감정의 신호
- '내게 중요한 것이 뭘까?' - 핵심 욕구 탐색
- '내가 원하는 것을 말할 준비가 되었나?' - 요청의 의도 확인

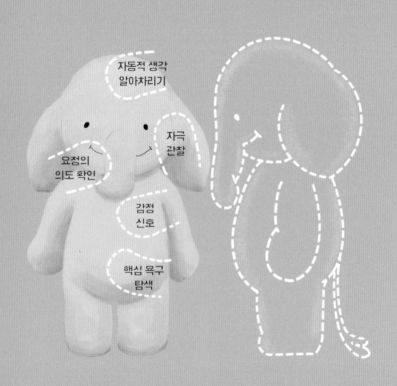

속대화가 잘 되면 겉대화도 잘 됩니다.

1. '내가 이런 판단을 할 때, 내가 보거나 들은 것은 이것이었구나'.
2. '내가 이런 해석을 하고 있는데, 나는 지금 이런 감정이구나.'
3. '내가 누구 탓을 하려고 하는데, 내가 이런 욕구가 중요해서였구나.'
4. '내가 진정 하고 싶은 말, 원하는 행동이 뭐지?'

자신과의 속대화를 먼저 시작해보세요.

Chapter 3

나를 보호하며
상대의 말 들어보기

상대의 이야기를 공감하며 듣기
듣기 힘든 말을 이해하며 듣기
악의적인 말을 해석하며 듣기

공감은, 내 해석을 섞지 않고 듣는 거예요
이해는, 상대가 원하는 말로 번역하는 거예요.
해석은, 각자의 책임을 분리해서 듣는 거예요
그럼 이제 상대의 말을 하나씩 들어 볼까요?

상대의 이야기를 공감하며 듣기

공감, 상대의 마음에만 머물러보세요.

공감한다는 건 무엇인가요?
공감에서 가장 중요한 건
내 해석을 섞지 않고 상대의 마음에 머무르는 거예요.

상대가 자신의 자동적 생각을 알아차리고
자기 감정을 이해하고 욕구를 발견하도록 돕는 것.
그것이 공감적으로 듣기의 목표입니다.

듣는다는 것,
그것은 인간을 이해하는 가장 근사한 방법 중 하나입니다.

행복하고 아름다운 관계에는
솔직하게 말하는 사람과 잘 들어주는 사람이 더불어 존재합니다.
들어준다는 것은
어쩌면 문제를 해결하는 것보다 더 중요하고 깊은 차원의 방식입니다.
내 마음에 잠시나마 상대의 존재를 온전히 받아들이겠다는 것,
상대의 말에 숨겨진 그 사람의 감정과 욕구에
내 모든 의식을 두겠다는 의지적 노력이기 때문이죠.
들어준다는 것은 동의한다는 것과 분명히 다릅니다.
그저 상대의 생각과 감정과 필요를
수용하고 이해하겠다는 적극적인 참여의 표현이랍니다.

익숙해져버린 말하는 습관을 잠시 멈추고
고요함 가운데 상대의 말을 관찰하며 들어보세요.
듣기만 잘해도 많은 것들이 해결되는 단초가 됩니다.

습관적으로 듣는 것은 공감이 아니에요.

상대의 말을 들을 때면
상대에게 공감한다는 것을 보여주기 위해
여러 가지 표현을 하거나 반응을 나타냅니다.

그런데 상대에게 공감한다고 생각했던 듣기의 방식이
실은 습관적인 반응인 경우가 많습니다.
우리가 자주 행하는 습관적 듣기는,
맞장구 쳐주기,
동정하기,
감정을 막기,
생각을 바꾸기,
분석하며 조언하기,
내 이야기 하기,
말 자르기와 같은 것들입니다.

이 방식들은
온전히 상대의 마음에 집중하는 '공감적 듣기'와는 다릅니다.
이런 듣기가 반드시 나쁘다는 것은 아니에요.
때로 조언이나 분석은 문제를 해결하기 위한 중요한 요소이며,
공감적인 듣기보다 더 우선시되어야 할 때도 있습니다.
그럼에도 불구하고 공감적으로 듣는 과정의 연습과
습관적으로 들어온 반응은 구별되어야 합니다.
공감하며 듣기 위한 기술적 방법은 무엇일까요?

상대는 호기심 가득한 우주와 같습니다.

내 생각은 버리고,
상대 마음을 담아보세요.

공감은 상대의 이야기를 듣겠다는 의도를 가지고 머무는 거예요.
상대의 이야기에 호기심을 갖겠다고 결심하고
상대가 말하는 지금 이 상황에 함께 있어주는 것이지요.
때론 호기심을 가지고 침묵을 유지하며
상대의 이야기를 듣는다는 것은 몹시 어려운 일입니다.
지금까지 우리는 생각을 내려놓고 우선 들어보겠다는 태도보다는
문제를 판단하고 해결하는 데 더 많은 노력을 기울여왔기 때문이에요.

공감적 듣기Radical Listening를 하기 위해서는
다음과 같은 자세를 갖는 게 먼저입니다.

'나는 침묵을 유지하며
상대의 이야기에 관해 호기심을 갖고
내 생각을 내려놓고
상대의 말을 있는 그대로 관찰하며 들어보겠다.'
누군가의 말을 들어주고 싶을 때는
위의 문장을 소리 내어 혼자 한번 읽어보면 큰 도움이 된답니다.

공감하며 들어보는 과정입니다.

1. 상대가 말을 어느 정도 멈출 때까지 가만히 침묵하면서 눈을 보고 들어 주세요.
2. 들은 말을 그대로 반영하거나 요약하고 제대로 들은 건지 물어보세요.
3. 상대의 현재 감정과 핵심 욕구를 추측해서 말해주고, 함께 탐색해보세요.
4. 핵심 욕구와 관련해서 계획이 있는지, 혹 도움이 필요한지 물어보세요.

공감의 아름다운 결실은
깊은 신뢰 관계입니다.

공감적 듣기의 가장 유익한 기능은
말하는 사람과 들어준 사람 사이가 좋아진다는 거예요.
'관계 통장'에 '호감과 감사'라는 자원이 차곡차곡 쌓여서
앞으로 그 사람과 깊은 신뢰가 형성될 수 있습니다.

또한 잘 들어주면
그 사람은 자신의 문제에 대해 명료한 해결을 할 수 있고
자신이 왜 그런 생각을 했는지를 이해하고
자신의 감정과 욕구를 발견함으로써 자기 이해가 깊어지지요.
이는 하고자 하는 행위에 몰입할 수 있는 능력을
회복하게 됨을 의미합니다.

누군가를 돕는다는 것의 핵심은,
그 사람의 내부에 이미 이 문제를 해결할 자원이 있음을 믿는 겁니다.
우리가 무언가 해결해주지 않더라도요.
그러니 공감을 두려워하지 말고
마음을 따뜻하게 덥혀주세요.
그 따뜻한 마음만으로도 상대는 힘을 얻을 수 있습니다.

듣기 힘든 말을 이해하며 듣기

이해는, 상대가 원했던 말로 번역하는 거예요.

상대의 말이 모두 공감적으로 들리지는 않지요.
때로는 많이 불편하게 들리기도 하고요.
그 이유는 무엇일까요?
우선 체력이 너무 약해졌을 때는 다 귀찮을 거예요.
다른 무언가에 집중하고 있을 때도 집중하기 어려울 거예요.
그런데 잘 듣고 싶었는데도 그렇게 할 수 없을 때가 있습니다.
바로, 상대가 말하는 것들이
'나를 불편하게 만드는 말'이기 때문입니다.

나를 건드리는 말, 나를 불편하게 하는 말은 이런 말들이에요.

- 화나는 말
- 미안함이 느껴지는 말
- 서운하게 느껴지는 말
- 슬퍼지는 말
- 두렵고 위축되는 말
- '맞는 말'이란 생각이 드는 말
- 특정 대상이 하는 '모든 말'
- 유독 듣기 싫은 단어나 말투, 행동

듣기 어려운 말이란,
말한 사람이 왜 그런 말을 했는지에 대해
공감하려는 우리의 마음을 가로막는 모든 말이라고 할 수 있습니다.

그 사람은 왜 나에게 불편한 말을 하는 걸까요?

어릴 때부터 주위 어른들로부터 비난, 공격적 말을
많이 듣고 자라왔다면
자신 역시 그런 말을 통해 자기 마음을 표현할 가능성이 높아요.
그런 사람들은 건강하게 마음을 표현하고 싶어도
그 방법을 모른답니다.

혹은 누군가를 공격하고 겁박해서
원하는 것을 얻은 경험이 많을수록
그 고약한 버릇을 잘 고치려 하지 않기도 해요.
자신을 보호하거나 자신의 존재감을 부각하고 확인시키고 싶을 때
더 세게 말하고 공격적으로 행동할 수 있지요.

어려서부터 부모, 교사나 어른들로부터 날 선 말들을 들어왔고,
다르게 말하고 싶어도 구체적인 방법을 모르고,
남을 불편하게 만들어서라도 원하는 결과를 얻게 될수록,
강한 표현으로 자신의 존재감을 부각하거나 확인하고 싶을 때
공격성을 드러내거나
상대에게 상처를 주는 말을 하게 됩니다.

그러니 상대가 나에게 불편한 말을 하는 이유는
내가 문제가 있거나 잘못해서가 아니라는 것을 기억해야 해요.

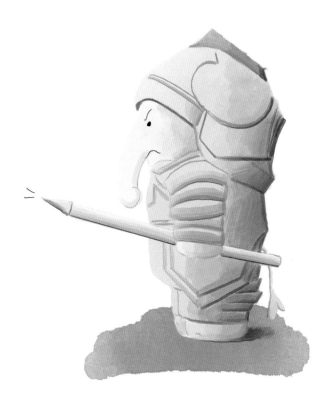

"부탁해요"라는 말을 할 줄 몰라서 비난하는 거예요.

만일 불편한 말을 건네는 사람이
소중한 가족, 사랑하는 사람, 조직에서 꼭 필요한 사람이라면
무시하기도 쉽지 않고 싸워도 마음이 좋지 않습니다.
이럴 때는 상대의 그 발언을
'제대로 이해하며 들을 수 있는 태도와 기술을 연습'하여
서로 연결될 기회로 바꾸는 것이 매우 중요한 능력이 되겠지요?

'상대가 쏟아내는 불편한 말은, 요청의 또 다른 말이다.'

마음이 너무 불편하고 고통스러울 때
상대에게 독하고 비난 섞인 말을 건네지만,
사실 우리의 마음은 절절한 요청을 하고 있는 거지요.

자, 그럼 불편한 상대의 말을 다시 들어볼까요?

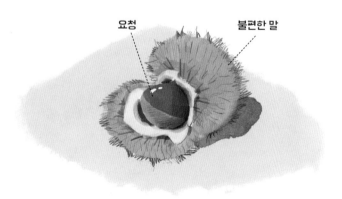

요청   불편한 말

마음의 번역기를 돌려, 원하는 말로 바꿔보세요.

상대가 무슨 말을 하더라도
그 말 속에 숨겨진 상대의 의도인 욕구, 감정에 집중해볼까요.
듣는다는 것은 내 생각에 집중하는 것이 아니라
상대의 의도에 집중하는 것임을 잊지 맙시다.

불편한 말을 듣자 마자 떠오르는 내면의 자동적 생각을 알아차리고,
'부탁인지 감사의 표현인지'그 진실이 무엇인지 생각해보고
번역기를 돌려 상대가 하고 싶었던 말로 바꿔보는 거예요.
그리고 한걸음 더 나아가,
상대가 그 말을 했을 때 어떤 마음이었을지, 욕구가 무엇이었는지
추측합니다.

1. **자동적 생각 알아차리기** : 상대 공격 혹은 자기 비난의 목소리들

2. **진실 구별하기** : 부탁의 말일까? 감사의 말일까?

3. **번역기 돌리기** : 불편한 말을 원하는 말로 바꾸어볼까.

4. **상대의 의도 이해하기** : 감정과 핵심 욕구를 추측해보자.

번역기를 돌려 들으면 무엇이 좋을까요?

이 과정은 실제로 많은 심리적 에너지가 들어갑니다.
쉽게 말하면 신경이 많이 쓰이는 작업이지요.
그래서 할 생각만 해도 막 하기가 싫어지기도 해요.

그러나, 흥분해 있는 상대의 말을
부탁으로 처리하면서 하고 싶었던 말로 바꿔보면
상대는 점차 흥분을 가라앉히고 차분해져서 대화가 가능해지지요.

이 과정은 상대만 이해하는 것이 아니에요.
소중한 관계를 지켜낼 수 있는 성숙한 방법이면서
동시에 상대의 말에 휘둘리지 않도록
나를 보호하는 방법이기도 합니다.
벽을 치고 담을 쌓아 유지하는 자존심이 아니라,
건강하고 온전한 자존감은 이렇게 지켜지는 것이 아닐까요.

악의적인 말을 해석하며 듣기

최근 들어 SNS를 통한 대화가
생활의 큰 부분을 차지하게 되었습니다.

직접 얼굴을 보고 나누는 대화와 다르게
온라인상에서의 대화는 얕고 먼 관계들이 많아요.
얼굴도 모르고 이름도 모른 채 대화를 나누곤 하지요.
그러다 보니 주고 받는 글을 통해서 서로 상처도 쉽게 주고받습니다.

우리는 제대로 분리할 수 있어야 합니다.
상대의 생각과 의견을 자신과 동일시하지 않아야 하지요.
우리가 그 분리를 제대로 하지 못할 때
얼마나 마음이 쉽게 무너지고 우울해지는지 알 수 있어요.
조금 자세히 살펴볼까요.

SNS 대화에는 여러 제약이 있습니다.

흔히 대화를 할 때는
서로의 의도를 이해할 수 있는 정보의 수단들이 있어요.
1. 얼굴 표정
2. 목소리 톤
3. 몸짓의 행동
4. 말의 내용
5. 배경 상황에 대한 이해
같은 것들이지요.

그런데 '말의 내용'으로만 대화를 나누는 것,
하나의 정보로만 대화를 해야 하는 것이 SNS 대화의 특징입니다.
이해를 돕는 정보가 줄어들면 각자의 해석은 늘어납니다.

SNS는 물리적으로 멀리 있는 우리를 연결해주는
유용한 도구이면서도
동시에 낯선 관계들이 다양하게 열려 있고
또한 정보의 제한으로 인해
서로의 의도를 제대로 확인할 수 없도록 막는 도구이기도 합니다.

SNS 대화에는, 익명성과 공격성이 있어요.

자신이 누구인지 쉽게 숨길 수 있는 온라인 공간에서는
누구나 통제하지 않는 자아를 꺼내어 사용할 수 있습니다.
이런 것을 공격적 생각을 갖고 대화한다고 합니다.

억눌려온 열등적 자아가
익명의 공간 안에서는 다른 얼굴로 살아가지요.
우월적인 존재감을 왜곡되게 표현하는 방식으로 말이에요.
폭력적인 방식을 통해서 자신의 존재감을 드러낼 수 있는 곳,
그 장소는 자신의 정체성을 가릴 수 있고
또 하나의 정체성을 만들어낼 수 있는 SNS가 됩니다.

상처받는 것은 매우 자연스러운 거예요.

타인의 사소한 평가에 마음이 흔들리고 심란하다고 하여
이런 자신을 나약하다거나 바보 같다고 평가하지는 맙시다.
우리는 모두 누군가에게 인정받기 위해 사는지도 몰라요.
그래서 때로는,
정작 말한 사람은 기억도 못하는 사건으로
몇 년간 상처받으며 살아갑니다.
부모는 기억도 못하는 사건으로
평생 자라면서 원망하는 자녀들이 있고요.
동료는 가볍게 한 농담인데도
그 말을 들은 사람은 그 회사를 떠나기도 합니다.
친구의 장난이 절교의 이유가 되기도 하고요.
우리는 너도나도 타자로부터 인정받고 싶어 하는
여리고 연약한 존재라는 사실을 통쾌하게 받아들입시다.

악성 댓글에 마음이 흔들리고,
카톡의 날 선 문자에 종일 마음이 괴로운 이유는
그것이 현대를 살아가는 우리의
취약한 인정 욕구를 건드리기 때문입니다.

이런 아픔과 괴로움을 어떻게 다루면 좋을까요?

악성 댓글을 지혜롭게 해석하는 두 가지 방법입니다.

1. 해석은, 제대로 분리해서 듣는 거예요

가슴을 파고드는 말을 하는 상대를 어떻게 받아들이면 좋을까요?
비폭력대화를 개발한 마셜 로젠버그Marshall B. Rosenberg는
상대의 공격적 행동은, 나를 향한 것이 아니라
그 사람이 자신의 좌절된 욕구를
비극적으로 표현하고 있는 거라 했습니다.
악성 댓글의 의미를 이해하려는 노력은 사실상 무의미합니다.
오랫동안 폭력적 대화 방식에 길들여진 사람을 이해한다는 건,
드러난 한 줄의 댓글을 이해하는 것으로 끝나는 문제가 아니라,
그가 살아온 삶의 맥락을 이해해야 하는 문제이기 때문이지요.

다시 말해 악의적인 비난을 지혜롭게 해석하는 방법은
뾰족한 잔가시를 치듯이 가위로 싹둑 잘라버리는 것입니다.
"그건 제 이야기가 아니라 당신 생각에 대한 이야기군요"라고.

우리는 무엇보다 나 자신을 보호하면서 대응하는 방법을
배워야 합니다.
상대가 말하는 생각을 나와 동일시하여 받아들이면 안 돼요.
또한, 우리가 통제할 수 있는 것과 없는 것을 아는 것은
우리를 지켜주는 명료한 시작이 될 수 있답니다.

2. 생각을 잡지 말고, 핵심 욕구를 잡으세요

상처받는 그 순간에
상처받고 괴로운 나의 생각을 잡을 수도 있고
나에게 좌절된, 중요한 욕구를 잡을 수도 있습니다.

악성 댓글과 같은 공격성 표현을 접하게 될 때 중요한 욕구는
나 자신의 고유한 존엄성,
나와 가족의 명예와 권리에 대한 보호,
내 노력에 대한 인정,
인간으로서 필요한 자유,
밝혀지길 바라는 진실과 정의 같은 것들이겠지요.

공격성으로 가득한 상대의 말을 계속 곱씹는 대신
자신에게 중요한 핵심 욕구를 인식한다는 것은
강력하게 인식의 전환을 가져옵니다.

누군가가 다른 사람을 비난할 때,
그 역시 비난을 함으로써 충족하고자 하는 욕구가 있을 거예요.
비난은 대화 과정에서의 수단일 뿐, 목적이 되지 못합니다.

목적은 욕구에 있습니다.
어떤 행동이든 원하는 욕구에서 시작하지요.

무언가 하려는 행동보다,
무시하려는 태도보다,
회피하려는 노력보다 더 지혜로운 방법은,
상대가 비난의 생각을 뿜어댈 때, 나의 욕구에 머무르는 거예요.

'내 욕구가 지금 이순간 충족되지 않아서, 내가 괴롭구나.'
이렇게 말이에요.

Chapter 4

내 마음을 표현하는
말하기

요청하기
화날 때 말하기
미안할 때 말하기

요청이나 부탁할 때, 화날 때, 미안할 때
어떻게 자신의 마음을 왜곡하지 않고,
제대로 표현할 수 있을까요?
필요한 순간 빛을 발하는 말하기 방법을
함께 고민해봅시다.

요청하기

요청은, 원하는 것을 부탁하는 거예요.

필요한 것을 누군가에게 부탁할 때 가장 중요한 건
말하기 전에 먼저
'진짜 내가 원하는 게 무엇인지'를 이해하는 것입니다.
그것을 모르면,
자꾸 상대에게 모호하게 말하고 강요하게 되거든요.
아니면 알아서 해주기를 바라고 속으로 기대하고 실망하지요.
그동안 말하지 않으면서 알아서 해주기를 바란 적이 얼마나 많았나요.
상대가 짐작해서 해준다는 것이 얼마나 어려운 일인지
기억할 필요가 있습니다.

상처주고 원치 않는 말을 하는 대신
내가 원하는 말에 집중할 수 있다면
서로에게 상처를 남기는 말은 현저히 줄어들 거예요.
요구하는 행위나 수단 뒤에 숨겨진 자신의 욕구를 표현하면
상대는 명료하게 제대로 나를 이해할 수 있게 됩니다.
속을 알 수 없다는 말이 사라지는 대화의 시작은
바로 나의 욕구를 드러내는 것임을 기억합시다.

요청은 무능력함을 드러내는 게 아니라
누군가를 도와줄 기회를 상대에게 선물하는 일이기도 합니다.

인간에게는 타인을 위해
자신의 능력을 사용하고 싶어 하는 욕구가 있답니다.
완벽한 내가 아니라 인간적인 나를 보여줄 수 있는
기회도 될 수 있고요.
그래서 우리는 깊은 바닷속을 들여다보듯이
요청을 통해 깊게 연결된 관계를 경험할 수 있습니다.

요청에서 가장 중요한 두 가지는
핵심 욕구를 인식하는 것과 유연성입니다.

1. 핵심 욕구 인식하기

욕구 = 선호 수단을 '왜 원하는지'WHY 알아차리는 것, 깊은 인식입니다.

아침에 눈을 뜨면 습관적으로
'오늘 해야 할 일이 뭐지?'를 떠올리는 게 아니라
'내가 오늘 원하는 게 뭘까?',
'오늘은 어떤 선택을 할까?'를 생각해보세요.

우리는 욕구를 인식하지 않고,
그 대신 뭘 할지 행위에 대해 고민을 합니다.
그러나 왜 하려 하는지의 이유인 욕구를 인식해보면,
그동안 무의식적으로 하던 수많은 행위를 할지 말지
선택하기가 수월해집니다.

2. 유연성

요구 = 욕구를 어떻게 충족하는지HOW의 방법 중 하나일 뿐입니다.

예를 들어, 저는 지금 대화에 관한 글을 쓰고 있습니다.
사람들에게 유익한 대화 방법을 공유하고 싶은
욕구가 있기 때문이죠.
그런 욕구를 충족하기 위해 책을 쓰는 행위를 하고,
더 잘 쓰기 위해 편집자와 번갈아 글을 체크하고,
글을 더 잘 표현하기 위해 작가님과 그림 작업을 하고 있지요.
그러나 만약 책을 쓰지 못한다면
교육 과정을 직접 개설해서 제 욕구를 충족시킬 수도 있습니다.

욕구를 발견하고 인식하는 훈련은
무언가를 하려는 동기와 의욕을 되살려줍니다.
무언가 하고 싶어질 때,
우리가 가진 능력만으로는 어려워서
때로는 타인의 협력을 구해야 하는 상황이 생기지요.
결국 욕구는, 요청하려는 가장 주요한 이유가 되며,
행위에 기반한 요구 사항들은 욕구를 이루려는
하나의 방법이 됩니다.

핵심 욕구에 대해 정확히 인지할수록
행위적 요구 사항은 창의적이고 다양해집니다.
강요의 가장 큰 특징은 경직성이지만,
요청의 가장 큰 특성은 유연성이랍니다.

상대가 요청을 거절하더라도 우리의 욕구를 충족시킬,
또 다른 방법들에 대한 다양한 가능성을 받아들이는 겁니다.
욕구만 충족할 수 있다면 다른 방법을 생각해볼 수도 있지요.
결국 요청은 다양한 방법에 수용적인, 마음의 유연성이지요.

요청은 세 가지 종류로 나눠볼 수 있습니다.

○ **명확성을 위한 반영 요청 :**
"내가 뭐라고 했는지 들은 대로 말해줄 수 있을까?"

말한 사람의 욕구를 다시 말해 달라고 요청하는 것은,
내가 중요하게 생각하는 것을
상대가 명확하게 이해했는지 확인하고 싶을 때 매우 효과적입니다.
자주 사용하면 상대가 성가셔할 수 있지만
꼭 필요한 순간에 사용하면 상대가 나의 욕구에
집중할 수 있게 해준답니다.

○ **이해를 위한 의견 요청 :**
"네 의견도 듣고 싶은데 말해줄 수 있어?"

상대의 마음을 이해하고 싶거나
그 사람의 생각이 궁금하여 호기심이 있을 때,
듣는 상대에게 의견이 있다면 알려달라고 요청하는 형식입니다.
상대는 이럴 경우 배려받는다고 생각할 수 있어서
서로간의 갈등을 줄이고 평화롭게 해결하는 데 도움이 되지요.
단, 그렇게 물어서 들을 때는
우리가 배웠던, '공감하면서 듣는 방식'을 적용해야 합니다.

○ **명료성을 위한 행동 요청 :**

"(언제까지, 어떻게) 해줄 수 있을까? 가능한지 말해줄래?"

나의 욕구를 충족하기 위해 상대의 협조가 필요할 때,
정중하고 구체적으로 바라는 행동을 요청하는 형식입니다.
이 요청의 방식은 모호하지 않고 명료하게 말하기 때문에
상대로부터 "YES"를 들을 가능성을 높여주고
상대가 무엇을 해주어야 할지 잘 이해하게 만들어주는
표현 방식입니다.

요청의 공식,
핵심 욕구 + 요구 사항

○ **실행력을 높이고 싶다면**

욕구만을 강조하다 보면 때로 모호하기 때문에
상대는 어떻게 도와줘야 할지 몰라서 난감해할 수 있으며
때로 이 말을 강요로 들을 수도 있습니다.
그래서 요청에는 '요구 사항'을 포함할 필요가 있습니다.
누군가에게 요청할 때
요구 사항을 명확하게 이야기해줄 수 있다면,
상대는 자신이 도울 수 있는지 없는지,
그 가능 여부를 더욱 잘 판단할 수 있습니다.
그리고 돕기로 결정한다면 상대는 나를 더 쉽게
도와줄 수 있을 것입니다.

◦ 불편한 행동을 멈추게 하고 싶다면

불편한 상대의 행동을 멈추게 하고 싶은 요청을 할 때는
상대의 행동을 지적하는 대신
요청의 언어를 긍정적이고 구체적인 표현으로 바꾸어 말해보세요.

"시끄럽게 하지 좀 마."
→ "지금보다 소리를 두 칸 정도만 줄여줄 수 있어?"
(지금 내가 바라는 욕구는, 하는 일에 집중하는 거거든.)

핵심 욕구

요구 사항

내가 진짜로 원하는 걸 말하는 연습

상대에게 행동을 요청할 때, 꼭 기억할 부분은
'내 욕구를 충족하기 위해서'라는 점입니다.

상대가 기꺼이, 진심에서 우러나와 무언가 해주기를 바란다면
요청이 결국,
'내 욕구를 위해 상대에게 구체적 행위를 부탁하는 것'임을
인식하세요.

그렇다면 어떤 마음으로 요청하는 것이
상대로 하여금 내 요청을 받아들이고 싶게 만들까요?
바로 존중과 겸손한 태도입니다.

예를 들어,
소극적이라고 판단한 팀원이 있는데,
그를 돕고 싶고 잘 가르치고 싶다면 어떤 방법으로
요청할 수 있을까요?

- **핵심 욕구 인식하기 - 수단·방법 대신**

  "크게 좀 말해."
  → "(욕구 - 도움. 가르침) 내가 좀 돕고 가르쳐주고 싶어서 그러는데."

- **구체적인 표현하기 - 모호한 표현 대신**

  "힘들면 언제든지 내 자리로 와."
  → "월, 수 점심시간에는 같이 식사할 수 있어."

- 긍정적 단어 사용하기 - 부정적 단어 대신

  "사람 답답하게, 꽁하게 있지 마, 좀."
  → "회의 시간에 생각을 말해주면 좋겠는데."

- 실현 가능성 고려하기 - 이기적인 요구 대신

  "다음 주 전무님 회의 때 네가 다 맡아서 진행해."
  → "나랑 하는 회의에서는 자네가 진행해봐."

- 의문형으로 마무리하고 거절을 수용하기 - 마침표와 강요 대신

  "그렇게 하는 걸로 안다."
  → "네 생각은 어때?"

물론 가정이나 친구들, 그리고 조직에서는 이렇게 연습을 해도
상대가 만약 거절하면 금세 마음이 상하고 상처를 받지요.
혹은 상대를 비난하고 공격해서라도 실행하려고 해요.
이럴 때 우리는 흔히 "열 받는다", "화가 난다"고 하지요.

그래서 이제부터는 화에 대해 다루려고 합니다.
화가 난다는 것도 결국은 요청의 과정이거든요.
'내가 이렇게 화가 났으니 내 마음을 이해해주세요'라는 말이니까요.

화날 때 말하기

화가 나는 마음은 이해받을 수 있어요.

솔직하게 마음을 표현한다는 것은 예술적인 작업 같아요.
멋진 고백은 마치 음악처럼 감동이 느껴진답니다.
어떻게 말해야 자신의 마음을 제대로 표현할 수 있을까요?
필요한 순간 빛을 발하는 말하기 방법을 함께 고민해볼까요.

우리는 안타깝게도 화를 잘 다루지 못합니다.
화가 나면,
자신이 바보 같다고 생각하면서 스스로를 미워하기도 하고,
상대방 때문이라고 원망하거나 상황 탓을 하기도 합니다.
이런 식으로 감정에 대한 책임을 서로에게 미룰 때,
특정한 행동이나 말을 요구하게 되고,
이때 강요의 대화가 오고 가지요.

왜 이렇게 되는 걸까요?
화가 날 때 느껴지는 감정을 명확하게 인식하려는 노력보다
그러한 감정이 나타나게 한 원인이 상대나 상황에 있다고 믿으면서
문제를 해결하는 데에 더 집중하고 힘을 쓰기 때문이지요.

같이 생각해볼까요.

그동안 우리는 화가 날 때 어떻게 생각하고 행동했나요?

'너 때문이야'라는 생각으로 상대를 미워했나요?

아니면 '다 내 잘못이야. 나 때문이야'라며 나를 미워했나요?

이런 식으로 불편한 감정을 다루는 습관적인 방식은

감정을 느끼는 것 자체를 피하게 만들기도 합니다.

상대에게 미루면 상대에 대한 적개심과 공격적 행동을 부추기고

나 자신이 떠안으면 우울해지고 자기혐오가 깊어지기 때문입니다.

그러니까 화를 자꾸 피하려고만 하게 되지요.

화는 나쁜 것 같고 느끼면 안 되는 것 같이 느낍니다.

자신도 상대도 불행하게 만들어버리는 것 같으니까요.

화가 나는 마음을 표현하고 싶어요.

화는 인간의 자연스러운 감정의 에너지입니다.
원하는 상황이 되지 않았거나
자신의 욕구가 좌절된 상황에서는
누구라도 기분이 편안하고 행복할 수 없지요.

인생이라는 여정에서는
어느 누구라도 원하는 것이 다 이뤄지진 않습니다.
그렇기에 마음이 힘든 경험은 누구에게나 있기 마련입니다.

다만, 그럴 때 올라오는 화를 우리는 억압하려 합니다.
혹은 무시하거나 지연시키려 합니다.
그러나 우리의 감정은 매우 명료하게 가슴에 종을 울립니다.
자신의 소리를 들어보라는 알림입니다.
자신의 소리를 더 이상 무시하지 말라고도 합니다.
불편한 그 마음을 잘 살펴보고 표현하라고 말이죠.

흔히 '감정적'이라고 할 때 보편적으로 두 가지 해석이 가능합니다.

- '감수성이 풍부한 사람이구나.'
- '건강한 감정의 조절에 어려움을 겪는 사람이구나.'

감수성이 풍부하다면,
나를 이해하고 상대를 이해할 힘이 충분하다는 뜻이 되겠지요.
또한 건강한 감정 조절이 어렵다면,
정서를 인식하고 조절할 방법을 배우면 된다는 뜻이기도 합니다.

그러니까 우리가 해야 하는 일은,
감정을 억압하고 무시하고 지연시키는 것이 아니라
조용히 귀를 기울여 마음이 말하는 걸 듣고 말해주는 걸 거예요.
이제 화를 억누르는 것이 아니라
화를 잘 내는 방법을 배우면 됩니다.

불편한 감정의 원인은
결국 내 안의 욕구 때문입니다.

사실 화가 나는 건 상대 때문이 아니에요.
상대는 나의 감정을 자극할 수는 있지만,
내 감정의 원인이 될 수는 없답니다.
이 점을 분명히 언급하고 설명하겠습니다.

욕구가 좌절되면 화가 날 수 있습니다.
상황이나 상대 때문이 아니에요.
어떤 부모는 아이가 말대답을 하기 때문에 화가 난다고 해요.
그런데 아이가 자기 표현을 잘 하길 바라는 부모는 기쁠 거예요.
어떤 상사는 팀원이 소극적이라 화가 난다고 해요.
그러나 팀원이 자신을 묵묵히 따라주기를 바랄 땐 고마울 거예요.
어떤 교사는 아이가 숙제를 안 해와서 화가 난다고 해요.
그러나 아이를 도와주고 싶다면 걱정되고 궁금할 거예요.
결국 우리의 감정은,
그 순간
내가 무엇을 바라고 있었는지
즉, 나의 욕구가 무엇인지에 따라 달라지는 신호일 뿐이지요.

그래서 감정을 인식하지 못하면 감정대로 행동하게 됩니다.
이런 경우 상황이나 사람에 대해 판단을 하거나
자신도 모르게 충동적인 생각대로 감정이 표현되기도 하죠.
그러므로 충동적이고 자동적인 생각에 대한 이해는,
화와 같은 감정을 이해하고 표현하는 데 있어 매우 중요합니다.

불편한 상황에서, 떠오르는 생각이 무엇인지를 확인하는 작업은
편향적 사고에서 벗어나 화를 조절하기 위한 중요한 과정입니다.

폭력적인 행동을 하게 만드는 '화'라는 감정은 나의 것입니다.
다른 사람이 나를 화나게 하는 것이 아니라 내가 화를 내는 거예요.
'화'라는 감정을 내가 스스로 책임질 수 있을 때
좀 더 자유로운 삶을 살 수 있습니다.

화라는 감정을 인식하고 올바르게 표현해볼까요.

화라는 것은,
- 원하는 것이 좌절되었다는 신호
- 상대에게 내 감정을 미루려는 신호
- 곧 후회할 말과 행동을 한다는 신호
- 갈등을 기회로 바꿀 신호

입니다.

화를 정확히 이해하고 대화하기 위해서는
무의식적인 생각과 행동을 인식하고
의식적인 계획을 훈련해보는 습관이 중요합니다.
그렇게 되면 우리의 갈등이 다시 연결될 기회가 되기도 하지요.

화를 다루는 것은 7가지의 인식 단계로 이루어집니다.

1. 화가 났던 사건을 떠올려보세요.

→ 친구가 여러 차례 약속 시간에 늦었어.

2. 충동적 행동은 무엇이었나요?

→ 전화기를 꺼버리고 집에 와버렸다.

3. 자동적 생각을 떠올려보세요.

→ 네가 날 무시해서 열받게 만들었어.
→ 넌 당연히 제 시간에 왔어야지.
→ 날 기다리게 하면 안 되는 거야.
→ 확 너랑 절교하고 싶어.

4. 몸의 감각은 어땠나요?

→ 뒷골이 당기고
→ 열이 오르고
→ 심장이 뛰었다.

5. 느껴지는 감정은 어땠나요?

→ 많이 섭섭하고
→ 여러 번이라 지친다.

6. 핵심 욕구를 탐색해보세요.

→ 약속에 대한 신뢰
→ 내 시간과 노력에 대한 존중

7. 욕구를 충족할 수 있는 계획을 다시 세워볼까요.

→ 왜 여러 차례 늦은 건지 이해할 수 있게 설명해달라고 부탁하기.
→ 다음에는 나도 약속 시간보다 늦게 나올 수 있음을 공지하기.
→ 이 친구랑 만날 때는 혼자 읽을 책 갖고 가기.
→ 마음이 힘들고 예민한 날은 만나지 않기.

처음에는 사랑하는 사람과,
그 다음에는 조금 덜 편한 사람과.
그렇게 조금씩 불편한 강도가 높은 관계로
대화 연습의 대상을 확대해가는 것이 좋습니다.

미운 사람을 대할 때,
욕구에만 집중해봅시다.

반복적으로 나의 화를 일으키는 원인이라고 믿고 있는
'미운 사람, 적'을 공감한다는 것은 어려울 수 있습니다.
소중하고 좋아하는 사람과 비교해볼 때
기본적으로 내면에 깔린 정서가 다르기 때문이지요.

'그 사람은 자기밖에 모르고 이기적이야.'

'적'으로 여겨지는 사람과 다시 이어지려는 노력은
사실 그를 위해서가 아닙니다.
그것은 나 자신의 평정심을 위한 작업이기도 하고
내가 인간답게 행동할 수 있도록 해주는 힘이기도 하기에
결코 내가 손해를 보는 작업이 아닙니다.

미운 사람을 바라보고 그와 대화를 하기 전에 이 문장을 기억합시다.

'화'를 표현할 때 꼭 기억하기
상대의 잘못이 무엇인가? → 나에게 중요한 것이 무엇인가?

이것을 기억하고 노력해보면,
섣부르게 화를 마구 쏟아내는 것이 아니라
욕구를 담은 건강한 표현을 할 수 있습니다.
그럴 때 우리는 상대의 문제보다 상대의 욕구를,
나의 문제보다 나의 욕구를 발견할 수 있게 된답니다.

욕구와 욕구는 충돌이 없기에 폭력이 존재하지 않습니다.
그것을 충족하기 위한 수단의 충돌이 폭력일 뿐.
여러분, 이것을 꼭 기억하세요.

미안할 때 말하기

왜 사과해야 할까요?
진심어린 사과는, 인간다움을 회복하는 과정이기 때문입니다.

누군가에게 아픔을 주었을 때
그것이 자신에게도 고통이 될 때
책임감을 가지고 그 과정과 결과에 대해 사과할 수 있어야 합니다.
또한, 잘못을 해결하는 노력과 함께
자신의 언행에 대해서도 인정할 줄 알아야 합니다.
인간다움을 회복하기 위해서라도 이 과정은 꼭 필요합니다.

우리가 상대에게 진심으로 건네는 "미안합니다"라는 말에는
생각보다 훨씬 더 크게 마음을 녹이는 힘이 있습니다.

진정한 사과는 상처받았던 과거의 '그때 그 시간'에서
빠져나올 수 있도록 해주기 때문입니다.
세상에는 물리적으로 흘러가는 시간만 존재하는 것은 아니에요.
우리는 모두 상처받았던 '그때 그 순간'에 멈춰 있는 기억을
갖고 있습니다.

나를 힘들게 했던 사람을 생각해보세요.
그 사람이 지금 내 앞에 서 있다고 해볼까요?
그 사람은 아무것도 하지 않고 그냥 서 있습니다.
지금 나를 해치지도 않고 험한 말을 하지도 않지요.
그런데도 나는 그가 싫습니다.
왜냐하면 나는 지금 그를 보면서도
과거에 경험했던 시간에서 그와 머물기 때문입니다.

기억이라는 시간, 정서라는 시간은 생각보다 강합니다.
이렇듯 시간은 그저 흘러갈 뿐이지만,
상처를 입은 상대는 그 시간에 영원히 갇혀 있기도 합니다.
나의 말 한마디, 생각 없는 행동 하나가
상대방이 현재를 온전히 살아가는 것을 가로막을 수도 있답니다.
과거 사건으로부터 받은 상처가
여전히 현재까지도 영향을 주고 있으니까요.

그 사람이 나로부터 받은 상처에 걸려 넘어져서
과거의 시간에 붙잡혀 있지 않고
현재를 건강하게 살아갈 수 있도록
우리는 마음에서 진심을 담아 사과해야 합니다.

미안할 때 마음 속에서 일어나는 두 가지 슬픈 일

1. 합리화하고 변명해요

상대는 사과를 기다리고 있는데
우리가 진심으로 반성하고 변화되기를 희망하고 있는데
그 골든 타임을 우리는 가끔 놓칩니다.

어쩔 때는 상대를 더 아프게도 합니다.

"어쩔 수 없었어. 너라도 그랬을걸?"
"미안하긴 하지만, 너도 잘못은 있어."
"나도 그러기 싫은데 왜 자꾸 나를 그렇게 만들어?"

상처받아 아픈 상대의 마음에 더 고통을 주지요.
어쩌면 그때 하고 싶었던 진심의 말은 이게 아닐지 몰라요.
앞서 다룬 것처럼 우리는
우리가 원하는 말을 힘든 상황에서 잘 하지 못합니다.
제대로 된 사과를 하지 못할 때 일어나는 슬픈 일이지요.

2. 자기를 혐오하고 미워해요

아픔을 준 자기 자신을 용서하기 힘들어요.

'나는 이 정도밖에 안 되는 인간인가?'
'나는 구제불능이야.'

이런 생각에 잠겨 자신을 미워하느라 시간을 보냅니다.
자신을 미워하면서 마음은 점점 더 괴로워지고요.
그리고 많은 시간을,
자신을 바라보면서 비난하는 데 집중하게 되지요.

상대는 우리가, 자신의 아픔을 봐주기를 바라는데
우리는 우리 자신만 바라보고 미워하기 바빠서
상대의 아픔을 보지 못합니다.

상대는 우리의 말과 행동 때문에 힘든데,
자신의 아픔이 이해받고 위로받기를 기대하는데,
우리가 자신을 미워하는 동안에는
우리의 시선이 우리 내면에 고정되어 있기 때문에
상대가 원하는 사과를 못하게 되지요.
이 또한 죄책감을 다루는 슬픈 방식입니다.

자기 비난은 사실 내 안에 있던 욕구의 표현입니다.

사과를 하려고 하면
마음에서 올라오는 엄격한 윤리적 목소리들이 먼저 올라와서
방금 나눈 사과의 방식대로 말하기 어려울 때가 있습니다.
이런 목소리가 나를 호되게 야단칠 때
뭐라고 하는지 스스로 적어보기를 추천합니다.

'내가 그러고도 부모야? 애를 어떻게 때려?'
'나는 짐승만도 못해.'
'그냥 혼자 살지 애는 왜 낳았냐?'

이런 말들을 만약 타인이 나에게 한다면
그 말을 듣는 순간 우리는 금세 방어적이 되면서 합리화해버립니다.
그러나 스스로 하는 자기평가Self Evaluation는
안전하기 때문에 얼마든지 솔직하게 적어볼 수 있답니다.

가혹하고 아프게 나 자신을 가르치는 목소리 안에는
사실 내가 상대에게 충족시켜주고 싶었던 욕구가 있습니다.
아이를 안전하게 지켜주고 싶은 욕구,
어떤 경우라도 평정심을 유지하는 능력이 있길 바라는 욕구 등.

이 아름다운 욕구를 찾아서 상대에게 고백해보세요.
비록 그때 그 순간에는 평화롭게 행동하지 못했더라도
내 안에 그런 욕구가 있음을 부인하지는 맙시다.

자신을 스스로 용서해주세요.

자기를 미워하면서 상대를 사랑할 수 있을까요?
스스로에게 가혹하면서 상대에게 너그러울 수 있을까요?
우리는 스스로에게 좀 너그러울 필요가 있습니다.

인간의 말과 행동은,
그것이 폭력적이든 비폭력적이든
모두 어떠한 욕구를 만족시키기 위해 애를 쓰는 과정이지요.
그 행동에 대해 옳고 그른 판단을 뛰어넘어서
충족하고 싶었던 욕구와 감정을 인식함으로써
자신을 깊이 용서할 필요가 있습니다.

합리화하라는 것이 결코 아니에요.
나의 행동에 후회하고 슬퍼하는 과정 다음에
나를 이해하고 용서하는 과정이 반드시 필요하다는 이야기예요.

나 자신을 용서했다면 이제 상대에게 고백해볼까요?

자신이 아닌 상대를 바라보세요.
그것이 사과의 시작이 되어야 합니다.

사과는 어떻게 하면 될까요?

1. 후회되는 언행을 관찰로 묘사하며 고백해보세요.

→ 어제 너한테 밥 먹으면서 "한심하다"고 말했던 걸 정말 후회해.

2. 나의 언행이 상대에게 어떤 영향을 주었을까요?
　(상대에게도 중요했을 욕구를 생각하며 고백해보세요)

→ 너로서는 네 입장에서 왜 그래야 했는지 이해받고 싶었을 것 같아.
　그리고 나도 너를 좀 더 존중하는 태도를 갖고 싶었는데 그렇게 못했어.

3. 나의 마음, 감정을 고백해보세요.

→ 그래서 그 생각하면서 내내 미안하고 후회되고 나 자신에게 부끄러웠어.

4. 고치려고 결심한 자신의 행동을 고백하거나
　상대가 무엇을 원하는지 물어보세요.

→ 나도 모르게 나온 그 말을 다시는 하고 싶지 않아서, 다음에 우리가 이야
　기를 나눌 땐 내가 네 이야기를 침묵하면서 들어볼게. 그리고 평가하는
　말을 줄여볼게. 미안해. 어때?

용기는 누군가에게 빌려올 수 없습니다.

사과를 한다는 것은 용기를 필요로 합니다.
자신의 결점이나 실수를 인정하고 그걸 표현해야 하니까요.
그래서 많은 경우 미안한 마음을 갖고 있으면서도 말하지 못해요.
속으로 이런 생각도 하고요.
'그냥 다음부터 잘 하면 되지.'
'꼭 말해야 하나, 내 마음 알겠지.'

네, 꼭 말해야 합니다.
왜냐하면 상대는 그 말을 기다리고 있기 때문이지요.

우리도 늘 상대로부터 사과의 말을 듣기를 원합니다.
너무나 많은 사람들이 부모로부터 듣지 못한 사과 때문에
얼마나 상처받고 힘들어하는지를 봅니다.
사과받지 못해서 직장이나 학교를 떠나는 이들도 있지요.

우리는 누구나 실수할 수 있습니다.
그 실수를 바로잡고 더 배울 수 있습니다.
그런데 실수를 바로잡기 위해서는
회피하지 말고 용기를 내야 합니다.
그 용기는, 상대에게 빌려올 수가 없어요.
한 번만 빌려쓰고 돌려준다고 말할 수 없는 게 용기입니다.
용기는 자신의 내면에서 꺼내 사용하는 것이기 때문이죠.

눈을 감고 소중한 사람을 떠올려보세요.
나의 말과 행동으로 상처받았을 그 사람을 생각하며 상상해보세요.
내 진심을 다해 사과했을 때
치유되고 자유로워질 상대의 모습을 말입니다.

자신을 미워하지 않으면서도
후회되는 마음을 고백할 수 있습니다.
그리고 변화할 수 있습니다.
사람은 언제나 실수를 통해 성장하는 존재니까요.

Chapter 5

건강한 관계를 위한
나눔 연습

거절 다루기
거절 말하기
거절 듣기 연습
중재하기
감사 나누기

대화의 목적은 나 혼자가 아닌 상호적인 관계를 맺기 위해서죠.
상대가 나의 요청을 거절할 때 어떻게 들을지
혹은 내가 상대의 요청을 거절해야 할 때 어떻게 말할지
갈등 속에 있는 사람들을 평화롭게 중재하는 법,
서로를 인정하고 진심으로 감사한 마음을 나누는 법을 연습해볼까요.

거절 다루기

거절은 서로의 진심을 주고받는 기회예요.

어느 누구도 상대로부터 거절을 듣거나
혹은 다른 사람에게 거절을 해야 하는 상황을 좋아하지 않아요.
정도의 차이는 있겠지만
때로 가장 어려운 게 거절이라고 말하는 사람들도 있답니다.

그러나 거절을 잘 주고받는 사람들 사이에서는
거짓말이 확연히 줄어듭니다.
서로에게 솔직하게 자기 이야기를 해도 비난받지 않기 때문이지요.

거절은 서로의 진심을 주고받는 기회가 됩니다.
물론 거절이 쉽다고 말할 수는 없지만 사실 우리는,
거절 자체보다 거절을 대하는 우리의 생각 때문에
더 나은 방법을 찾을 수 있는 기회를 놓친다는 사실을 알아야 합니다.
그래서 거절을 제대로 이해하고,
더 나은 결과와 방법을 찾는 태도를 배울 필요가 있습니다.

잘 거절하면 더 잘 지낼 수 있습니다.

부모와 자녀,
교사와 학생,
조직의 동료 사이와 같이 깊은 관계에서는
거절이 자유로워야만 그 관계가 오래, 잘 유지됩니다.

거절하지 못하는 사람은 '착한 사람'으로 여겨지곤 합니다.
그러나 거절하지 못했던 날들을 정직하게 돌아보았을 때
늘 만족스럽고 기쁘지만은 않을 겁니다.
'예스'라고 이야기하면서 자신의 욕구를 뒤로 미루다 보면
정작 자신이 할 일, 혹은 하고 싶은 일은 제대로 하지 못하거든요.
그래서 요청을 들어준 것을 후회하거나,
상대가 무리한 부탁을 했다고 뒤늦게 원망하기도 합니다.

거절해야 하는 상황에서 거절하지 못하면
  ◦ 정작 중요한 일에 쏟아야 할 시간과 에너지를 상실하게 되고
  ◦ 자기도 모르게 부탁한 사람을 부담스럽게 생각하거나 미워하게 되고
  ◦ 장기적으로는 건강하고 솔직한 인간관계를 기대하기 어렵습니다.

거절은 상대를 무시해서가 아니라
나에게 지금 더 중요한 필요 사항이 있음을 알려주는 것입니다.
거절한다는 것은 상대가 요구하는 행위는 거부하면서도
동시에 상대와의 관계는 지속하고 싶다는 바람을 담은 거랍니다.

같이 거절하는 방법을 배워볼까요.

거절 말하기

요구는 거부하되 욕구는 이해합니다.

1. 거절하기 전에, 상대의 핵심 욕구를 조건 없이 이해해주세요

"이런 욕구가 중요했군요. 충분히 이해돼요."

- 상대의 요청을 침묵하면서 들어보세요.
- 상대의 말속에 숨어 있는 핵심 욕구를 찾아 말하며 조건 없이 수용해주세요.
- 상대의 요구 사항을 가급적 거론하지 마세요.

부탁하는 사람은 우리에게 요구를 했을 거예요.
어떤 행위를 부탁한 거지요.
그런데 왜 그 행위를 부탁하는지 잘 모를 수 있어요.
무엇을 해달라는지는 말해도
왜 그걸 부탁하는지 이유를 잘 모르기도 하지요.

상대의 요청은 욕구를 충족하려는 하나의 수단에 불과합니다.
주로 요청하는 사람들은 자신의 핵심 욕구를 잘 인식하지 못한 채
어떤 특정한 요구만 하거나 비난만 하게 됩니다.

상대의 요청을 거절할 때 먼저
상대가 자신의 욕구를 이해할 수 있게 되면,
우리의 거절이나 다른 의견에 대해 열린 마음을 갖게 됩니다.

(충전기를 뽑아서 서랍에 넣어두라는 건 - 행위)
"깨끗하게 정돈된 게 자기한테 중요해서구나. 질서 있는 것 말이야."
- 욕구

상대가 말을 하는 이유는
행위 때문이 아니라 욕구 때문이라는 것을 꼭 기억하세요.

2. 나의 욕구를 이해할 수 있도록, 상대에게 잘 설명해주세요

"나도 너처럼 중요한 게 있는데 들어볼래?"

- ◦ **상대를 평가하거나 비난하지 않고 나의 핵심 욕구를 표현해보세요.**
- ◦ **상대와 마찬가지로 나도 욕구가 있음을 말해보세요.**

왜 거절하고 싶은지에 대한 욕구의 설명은,
"싫어"라는 말보다 편안하게 들립니다.
그래서 "싫어"라는 말보다
"내게 중요한 게 있어"라는 말은
관계를 잘 유지하려는 거절의 기술 중에서 무척 중요한 부분입니다.

이것은 우리가 상호적 관계를 맺기 위한 의지적 노력이면서
동시에 '서로가 원하는 것을 찾기 위한 노력'의 과정이기 때문입니다.

그래서 단순히 싫다는 말보다는
"내가 이런 것이 중요해서 그래요"라는 말이
더 분명한 의사 표시가 될 수 있습니다.
상대라는 존재 자체를 거절하는 것이 아니라
우리의 욕구 때문에 그 요구에 응할 수 없다는 것을
밝히는 것이니까요.

"나도 뭐가 중요한지 생각해봤는데,
집이라는 공간에선 몸이 편안하고 효율적인 게 중요한 것 같아."
- 나의 욕구
"그 마음이 이해될까?"

상대가 요구하는 행위는 말하지 않는 것이 좋아요.
서로가 온전히 욕구에만 귀를 기울일 수 있도록 말이죠.

3. 대안이 있을 때는 이렇게 말해보세요

"우리 모두에게 더 유익한 방법은 존재해요."

- ◦ **서로의 욕구를 모두 존중하기**
- ◦ **욕구를 충족할 다른 방법 찾기**

만약 상대가
거절하려는 우리의 욕구에 대해서 잘 이해했고
자신이 왜 부탁했는지 자신의 욕구에 대해 조건없이 이해받았다면
다른 방법으로 선택을 바꾸는 것에 대해서도 여유가 생긴답니다.
어떤 방법으로든 자신의 욕구가 충족된다면
고집을 부리지 않고 마음을 열 수 있는 공간이 생기는 것이지요.

한번 생각해보세요.
꼭 그 방법이 아니더라도 서로가 만족할 만한 방법이 있다면
그것을 왜 거부하겠는지에 대해서요.
그런 다음
서로에게 유익한, 다시 말하면 서로의 욕구를 모두 충족할 방법을
상대에게 말해보세요.

"자기가 핸드폰 충전할 때 내 면도기도 충전해주면 어때?
내가 종종 까먹기도 하니까 그걸 해주면 내가 사용하고 늘 제자리에
올려 놓도록 할게."
→ 그렇게 하면 깨끗하고 질서 있기도 하고, 효율적이고 편하기도 할
것 같아.

내가 제안한 방법을 상대가 늘 좋아하는 것은 아닐 겁니다.
그러나 서로의 욕구를 명료하게 말하고 나면
더 이상 상대가 요구하는 방법이 맞다 아니다로
싸우지 않을 수 있습니다.

서로의 욕구를 무시하지만 않는다면
서로의 욕구 모두를 충족할 방법을 찾는 데
에너지를 쓸 수 있습니다.

4. 대안이 없을 때는 어떻게 마음을 전할까요?

"내가 당신에게 협조할 수 있도록, 나를 먼저 도와줄 수 있을까?"

이 말은 정말 중요한 말이에요.
상대를 도와주고 싶지만
지금 당장 할 수 없을 때 상대에게 할 수 있는 말이죠.

"당신을 돕고 싶은 마음이 있습니다.
그리고 제 욕구도 충족하면서 할 수 있는 방법을 알고 싶습니다.
당신이 혹시 그런 방법을 떠올릴 수 있다면 알려주세요.
그럼 저도 힘을 다해 도와드리고 싶으니까요."

상대에게도 늘 지혜가 있어요.
때로 우리는 서로가 고집하는 방법에만 집중해 싸우기도 하지만
각자가 원하는 욕구를 이해하게 되면
얼마든지 서로의 경험과 상상을 통해 방법을 찾을 수 있습니다.
인간에게는 궁금한 마음으로 질문을 하고
그 질문에 대한 답을 찾아가는 놀라운 능력이 있으니까요.

5. '심리적 조종'일 때는 그냥 거절하세요.

"그 일은 내가 도움이 못 돼. 잘 해결되기를 바랄게."

상대에게 죄책감, 두려움, 수치심을 주면서라도
자신이 원하는 것을 하게끔 만드는 행동을 하는 사람이 있습니다.
어떤 사람이 그런 행동을 할 때 연민의 마음을 느낄 수 있지만
그 행동에 동의하는 태도를 취하는 것은 서로에게 도움이 안 됩니다.

이런 경험이 반복적으로 이루어지고 있는 사람이 있다면,
그리고 그 사람이 우리에게 어떤 요청을 해온다면 한번 생각해보세요.
이 사람이 정말 내 삶에 필요하고 소중한 사람이 맞는지 말이에요.
그렇지 않다면 단호한 거절이 필요한 순간일 겁니다.

심리적 조종자에게 거절을 해야 하는 순간,
두 가지를 실천해보세요.

1. 단호하게 '노'를 말하기
- 요구에 응하는 것이 상대를 위하는 행동이 아님을 정확히 표현하기.
- 상대의 말이 길어지면, 중간에라도 개입하여 자르기.
- 상대에게 어떻게 할 것인지 묻기(방법에서 나를 제외하고).

2. 나에게 중요한 욕구를 명확하게 표현하기.
- 상대를 평가하거나 비난하지 않으며 나의 핵심 욕구를 표현하기.

"그 일은 내가 못하겠다.
나는 내가 할 수 있는 일과 없는 일을 명확하게 선택해서 하고 싶
어. 잘 해결되기를 바랄게."

거절을 말하는 방법을 정리해보겠습니다.

1. 내가 상대 욕구를 이해해줍니다.

2. 상대가 나의 욕구를 이해하도록 도와줍니다.

3. 상대에게 대안을 제안해봅니다.

- 서로에게 좋은 대안을, 상대에게 부탁하기.
- 욕구를 수용하고 요구를 탐색하기.
- 나의 필요도 포함하면서 해결할 수 있는 방법을 찾자고 부탁하기.

거절하기 전에 다음 사항들을 스스로 점검할 필요가 있습니다.

1. 요청하는 상대가 원하는 핵심 욕구는 무엇이며, 그 절실함을 제대로 이해했나요?
2. 거절하고 싶은 나의 핵심 욕구는 무엇이며, 그것을 말할 용기를 낼 수 있나요?
3. 거절을 하면서도, 상대에게 필요한 것을 만족시킬 방법을 생각해보았나요?
4. 대안에 대해서 상대와 함께 대화해볼 생각이 있나요?

행위와 존재를 구별합니다

"상대는 내가 요청한 '행위'를 거절한 것이지
나라는 '존재'를 거절하는 게 아니다."

우리는 거절을 잘 말하지 못하기도 하지만
상대가 우리 요청에 대해 거절하는 것을 불쾌하게 여기기도 합니다.
'나를 무시하나?'
'내가 중요하지 않다는 말이지'라고 생각하지요.

많은 부모와 교사, 직장 상사들은
자녀와 학생, 팀원이 싫다고 하는 걸 듣기 어려워합니다.
자신의 권위와 존재에 대항하거나 대드는 거라 생각하기도 합니다.

거절에 대해서 과민하게 반응하는 것을 심리학에서는
'거절민감성'이라고 합니다.
거절을 위협으로 받아들이고 자기중심적으로 생각하게 되지요.
거절을 생각하면 적개심을 품고
의기소침해지고 관심을 끊어버리겠다고 생각하기도 합니다.
이는 우울, 불안, 분노로 이어지기도 합니다.

거절을 잘 듣기 위해 중요한 연습은,
내가 요구한 '행위'만 거절당했다고 생각하는 것입니다.

행위와 존재를 구별하며 거절을 들을 수 있다면,
상대와 내 마음을 보호하면서 다른 대안을 찾아볼 수 있습니다.
상대의 거절을 방법과 수단에 대한 거절로 이해할 수 있다면,
거절을 들은 이후에 더 좋은 방법을 생각해낼 수 있고
관계도 잘 유지될 수 있습니다.

거절의 과정에는 서로의 욕구를 이해할 기회가 선물처럼 존재합니다.

상대의 핵심 욕구만 찾아서 말해주세요

'저 사람에게도 중요한 것이 있구나'라고 생각해주세요.

상대는 요청을 왜 거절한 걸까요?
그것은 나를 무시해서가 아니에요.
지금 자신에게 더 중요한 욕구가 있다는 표현일 뿐이지요.

거절을 듣는다는 것은
지금 그 상대에게 더 중요한 욕구가 있다는 것을 이해하는 거예요.
상대의 거절을 욕구로 바꾸어 들을 수 있다면
나 자신을 보호하면서도 상대와 건강한 관계를 유지할 수 있습니다.
상대는 '나'라는 존재를 거절하는 것이 아니라,
나의 욕구를 채우고자 도움을 구한 '수단'을 거절하는 거예요.

상대의 욕구를 존중하며 거절을 들을 수 있다면,
서로가 연결되는 기회가 될 거예요.
자신의 욕구를 이해받은 상대는 지금이 아니더라도
언젠가 나의 요청에 응답하며,
나에게 도움이 될 행동을 선택할 가능성이 커질 테니까요.
상대와의 관계의 가치를 생각해본다면
지금 당장 상대가 하도록 만들겠다는 생각을 거두게 될 거예요.

물론, 거절하는 상대의 욕구를 이해한다고 해서,
상대가 다시 마음을 돌려 내 요청을 들어주는 것은 아닐 수 있어요.
그러나 분명한 것은,
당장 그 사람이 요청을 들어주진 않는다 하더라도
요청한 나에게 고마운 마음을 갖게 될 확률은 높아지고
돌아서서 나의 마음을 헤아려줄 기회도 올라가지요.

소중하고 중요한 관계에서는 오래 보아야 해요.
일회성 관계가 아니라 존중하는 마음으로 관계를 맺어야 하지요.
거절할 때는 누구나 마음이 불편합니다.
그래서 자신이 거절할 때 그 마음을 알아주는 사람을
싫어하는 사람은 없지요.
그것이 관계를 중요하게 생각하는 사람들의 선택이랍니다.

거절을 듣는 과정을 정리해보겠습니다.

※ 먼저 나의 핵심 욕구를 담아 요청해보세요.

→ "나는 우리 가족이 함께 대화도 하고 친밀했으면 좋겠어. 그러기 위해 일주일에 한 번 1~2시간 정도 가족회의를 할까?"

1. 거절하는 상대의 핵심 욕구를 마음 속으로 이해해보세요.

→ "1~2시간이나요? 그렇게 오래 가족회의 하는 건 전 바빠서 어려워요."
→ '시간을 자유롭게 쓰고 싶구나, 효율적인 것도 중요하고.'
 (자유로움, 선택, 효율성)

2. 상대의 핵심 욕구를 인정하며 표현해주세요.

→ "자유롭게 선택하고 싶어? 좀 더 효율적인 방법을 찾고 싶기도 하고?"

'너에게 더 중요한 것이 있구나.'
'내 요청을 수락할 수 없는 이유가 있구나.'
이렇듯 거절을 듣더라도 상대의 핵심 욕구를 이해하면
관계는 평화롭게 잘 유지될 수 있습니다.

다시 정리해봅니다.

상대가 나의 요청을 거절하는 것은
나를 무시해서가 아니라
지금 자신에게 더 중요한 욕구가 있다는 표현입니다.

내가 원하는 관계는 주로 어디에 있나요?

내 힘이 상대보다 강하다면,
자신의 힘을 이용해서 상대를 굴복시킬 수도 있을 거예요.
그러나 그런 관계는 반드시 대가를 치르지요.

상대가 나를 싫어하거나
언젠가 나에게 복수할 계획을 세우거나
어쩌면 나와의 관계를 청산하게 되거나
상대가 불행해지거나
그 모습을 내가 지켜봐야 하는 식으로요.

그래서 늘,
비난과 처벌은 강요의 해결을 도모하고,
협력과 상생은 이해의 해결을 도모합니다.

갈등이 발생할 때
나의 욕구와 상대의 욕구가 만들어내는 관계

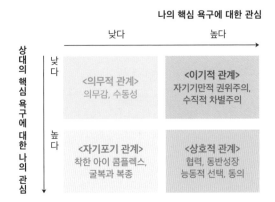

1. 의무적 관계

여러 번의 시도가 무너졌을 때,
혹은 힘에 의해 꺾였을 때 가지게 되는 관계입니다.
의무적 영역으로 이루어지는 관계는
상대의 의도가 무엇인지도 궁금하지 않고,
자신의 의도도 중요하지 않으며
최소한의 역할, 의무만 다하면 됩니다.
문제는 해결될지 몰라도 그 과정과 결과에서
진정한 만족이 없습니다.
모든 것이 당연히 해야 하는 일이 되기 때문이지요.
이렇게 살아가면 즐거움이 없고 선택의 기쁨도 없습니다.

2. 이기적 관계

자신의 욕구 충족에만 관심을 두는 관계입니다.
어떤 수단과 방법을 동원해서라도
내가 원하는 것을 이루겠다는 독한 표현을 하게 되지요.
상대방이 무엇을 원하는지 관심을 두지 않아요.
그건 내 알 바가 아니니까요.
특히 그가 나에게 소중한 사람이 아니라면 존중하지도 않습니다.
그냥 때로 이용하고 버려도 된다고 믿기도 합니다.
이것을 믿고 살면 세상이 힘의 지배로 돌아간다고 생각합니다.
힘이 있으면 이뤄지니까 어떻게든 힘을 가지려 하고요.

3. 자기포기 관계

자기 욕구에 대한 인식은 없는 채
상대의 욕구를 충족해주기 위해 노력하는 관계입니다.
타인의 욕구에 과도하게 집착하면서 자신이 원하는 것을
자발적으로 포기하죠. 누가 시켜서도 아니에요.
스스로 자신의 가치를 과소평가하면서 상대 중심으로 살죠.
만일 상대가 이기적 관계를 추구하는 사고를 지녔다면
아마도 그 사람의 인생은 결코 주체적이거나
선택적이지 못할 거예요.
착하다는 평가가 종종 슬픈 이유는
바로 이렇게 내면의 가치와 필요를 무시하기 때문일지 모릅니다.

4. 상호적 관계

갈등이 발생할 때 양측의 욕구가 무엇인지를 중요하게 여기고
양쪽이 만족할 만한 해결책을 찾는 것을
최우선으로 두는 관계입니다.
'어떻게 하면 우리 둘 다 만족할 수 있을까?'
결과뿐 아니라 과정에 대해 인정받으며 자랄 경우,
결과에만 집착하지 않고 갈등을 해결하는 과정에도
주의를 기울일 수 있습니다.
우리가 관계를 맺는 목표는
언제나 서로를 돌보고 같이 성장하고자 하는
상호적 관계에 있습니다.
항상 이렇게 살 수 없다고 하더라도
이런 가치를 중요하게 생각하는 사람들의 의사결정은
대체로 합리적입니다.

중재하기

중재란, 상호적 관계를 맺도록 사람들을 돕는 행위입니다.

가끔 다투는 사람들 사이에서 난감한 입장에 처합니다.
그럴 때 우리는 특정인의 편을 들지 않으면서도
그들을 도와야 하죠.

많은 부모는 자녀들 사이에서 이 역할을 해야 하고
많은 교사 역시 학생들 사이에서 이 역할을 요구 받고
조직 내에서도 리더십이라는 이름으로 이 역할을
훌륭히 수행해내길 기대합니다.

우리에게 쉬운 방식은 어느 한편에 서는 것입니다.
중립적 위치에서 문제를 해결하는 것이 어렵기도 하지만
이야기를 듣다 보면 어느 한편에 마음이 쏠리기도 하니까요.
그러나 감정을 이입해서 누구의 편을 들게 되면
상호적 관계를 존중하면서 문제를 해결하는 힘은 약해집니다.

감정을 이입하고 공감하는 것만으로는
평화롭게 문제를 해결할 수 없습니다.
생각해보면 세상의 많은 전쟁이나 폭력들이
그렇게 해결되지 않았지요.
중립적으로 도울 수 있어야 합니다.

217

씩씩거리고 있는 두 사람이 느끼는 각자의 감정과 필요를 알고
그 두 사람이 원하는 합리적 방안을 찾게 도와주는 것이야말로
중재입니다.

그러니 대화의 꽃이 바로 중재가 됩니다.
아름답게 피어오르는 꽃처럼 중재가 되려면
앞서 배웠던 모든 대화 방식들이 먼저 내면에서
충분히 연습되어야 합니다.

이 부분이 잘 되지 않는다면 속대화를 먼저 충분히 연습하고
개인의 대화에 더 노력을 기울여보세요.

중재자는 언제나 자기 인식이 있어야 하고
동시에 갈등이 있는 두 사람의 비난과 생각 속에서
그들의 욕구와 감정을 면밀하게 찾아낼 수 있어야 하니까요.

중재의 기술에도 방법이 있습니다.

1. 서로에 대한 비난 속에 숨겨둔 서로의 감정과 욕구를 찾아주세요

우리는 늘 누구의 책임인지 누가 잘못했는지 따지며 살았습니다.
그래서 갈등에 빠진 사람들 사이에 서 있을 때도
심판자가 되어 습관처럼 말하지요.

"너도 잘못했네."
"이건 걔 잘못이네."

이미 두 사람 모두 자기에게는 잘못이 없다고 생각할 때
갈등에 빠지게 됩니다.
그런 사람들 사이에 서서
누구의 잘못인지를 지적하겠다는 노력은 아무런 의미가 없습니다.
오히려 누군가에게는 적이 되는 결과를 가져오기도 하지요.

두 사람의 갈등을 잘 풀 수 있게 돕겠다고 결심했다면 기억해주세요.

"누가 먼저 그랬어?"
"왜 그랬어?"가 아닌,
"마음이 어때?"
"원하는 게 뭐야?"로 다가가야 함을.

- 두 사람 모두에게 발언 기회가 공평하게 있음을 상기시켜주세요.
- 한 사람씩 이야기를 하게 하고 그 이야기를 충분히 들어주세요.

사전에 시간을 정해두는 것도 좋아요.
이야기를 들을 때 화자의 감정과 욕구에 집중해야 합니다.
상대를 비난하는 이야기, 변명하는 이야기라 할지라도
그 사람이 느끼고 있을 생생한 감정과 그 욕구를 찾는 겁니다.

"상대 때문에 어쩔 수 없이 소리를 지르고 물건을 던졌다고 하셨는데, 선생님 마음은 정말 답답하고, 왜 그랬는지를 이해받고 싶으신 것 같네요. 맞나요?"

상대에 대한 비난은 결국 우리의 요청입니다.
갈등에 빠진 사람들은 모두 서로를 비난하지만
결국 그것은 좌절된 욕구의 표현이지요.
그 욕구를 다시 꺼내어 서로의 귀에 들리게 해주세요.
서로에 대한 비난 대신 욕구가 들리면
서로의 마음은 조금씩 달라질 수밖에 없으니까요.

2. 서로가, 상대의 욕구와 감정을 '들은 그대로 말하도록' 안내 해주세요

쌍방의 갈등 해결을 돕고자 한다면
중재자가 먼저 해답을 제안하거나 가르치려 하지 마세요.
오히려 갈등 대상자들이
서로의 욕구와 감정을 들은 대로 반영하도록 함으로써
서로의 마음을 이해하도록 돕는 것이 훨씬 더 중요합니다.

○ 중재자가 → A에게

중재자) "B님이 너무 답답하고 속이 상하셨다네요.
그리고 이해받기를 원했다고 합니다. 들은 대로 말씀해주시겠어요?"

A) "B가 답답하고 속이 상했대요. 이해받기를 원한다고 들었습니다."

중재자) "B님, A님이 말한 게 맞나요?"

B) "네 맞습니다."

○ 중재자가 → B에게

중재자) "A님은 정말 슬프고 혼란스러우셨다네요.
그리고 상황을 평화롭게 해결하고 싶었답니다. 들은 대로 말씀해주시겠어요?"

B) "A는 슬프고 혼란스러웠다고 했습니다. 평화롭게 해결하고 싶대요."

중재자) "A님, B님이 말한 게 맞나요?"

A) "네 맞아요."

○ 중재자가 → A, B에게

중재자) "두 분 모두 들은 대로 서로의 감정과 욕구를 말씀해주셔서 감사합니다.
서로의 말이나 행동 말고, 서로의 마음과 욕구는 이해가 되시나요?"

→ 만약 서로가 다시 자동적 생각을 이야기하기 시작하면,

중재자는 다시 화자의 감정과 욕구에 집중하여 살펴보고, 그 과정을 반복

합니다.

중재자는 다음 세 가지를 기억해야 합니다.

1. 어떤 경우라도 중재자는 양쪽의 말이 아닌, 감정과 욕구에 집중합니다.
2. 양쪽을 번갈아 가며 "들은 대로 (감정과 욕구를) 말씀해주시겠어요?"
   라고 물어봅니다.
3. 잘 반영해주면 "잘 반영해주셔서 고맙습니다"라고 인사합니다.

3. 서로의 욕구를 채워주기 위한, 상호적인 행동을 지원해요

사람들은 자신의 욕구, 필요, 바람을 이해받을 때
자기방어적이고 공격적인 태도에서 자유로워집니다.
상대의 욕구에도 관심을 기울이게 되고요.
이 두 가지의 질문을 통해 쌍방이 비난에서 벗어나
서로의 욕구에 기반한 문제 해결의 방법을 찾을 수 있도록
안내하는 과정이 바로 중재를 통한 창의적인 문제 해결의
방향성임을 기억합시다.

"서로의 욕구를 다시 살펴보겠습니다.
B는 이해받고 싶고, A는 평화롭게 문제를 해결하고 싶으신데,
그렇다면 서로에게 어떤 방법을 제안해보시겠어요?

"A가 자리를 떠나지 않았으면 좋겠어요. 제 말을 좀 듣고요."
"저는 B가 물건을 던지거나 소리치지 않으면 좋겠어요. 겁이 나요."

→ 중재자는, 서로가 제안한 방법에 대해 어느 정도 수용할지 반드시 체크
  합니다.
→ 어느 한 쪽이라도 거북스러워한다면 다시 나눕니다.
→ 양쪽 모두가 동의하는 방법을 찾을 때까지 욕구와 해결 방법을 반복해
  갑니다.
→ 양쪽의 욕구가 충족되는 상호적 관계가 중재의 목표임을 기억해요.
→ 서둘러 문제 해결로 가지 마세요.

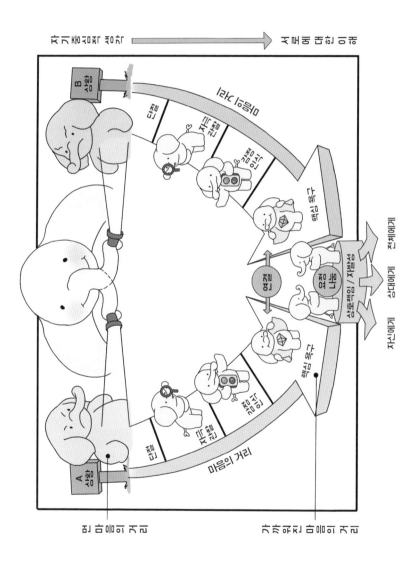

중재를 정리해보겠습니다.

살아가면서 모든 갈등을 피할 수는 없습니다.
우리가 할 수 있는 노력은 갈등에 대처하는 기술을 익히는 거예요.
그리고 가급적 서로의 욕구를 보호하면서 해결하는 것이죠.

그런데 각자의 이익과 신념이 대립될 때는 해결이 쉽지 않습니다.
누구 하나는 희생하거나 져야만 끝나는 일들이 많아지기도 합니다.
살다 보면 때로 그런 일을 피하기 어려울 때가 있지만
대부분은 조금 더 평화롭고 서로에게 유익한 방법이
있게 마련이지요.
중재는 서로 멀어져버린 심리적 거리를 좁혀주는 힘이 있습니다.
두 사람을 다시 화해시키고 이해에 기반해서 문제를
해결하도록 도와주지요.
중재자가 자기 중심을 잘 잡고
서로에 대한 비난과 날선 말들을 들으면서도
각자의 필요와 욕구를 찾을 수 있다면
그리고 그것을 서로의 가슴에 집어넣어줄 수 있다면 가능합니다.

공감에 기반한 중재는 이성적인 문제 해결로 나아가게 됩니다.
그리고 강압적이거나 의무적인 해결이 아니라
각자가 자신의 행동에 책임을 지고 합의하는 방식이기에
부작용이 없습니다.

감사 나누기

우리에게는 서로의 인생을 행복하게 해줄 수 있는 멋진 능력이
있습니다.

누군가의 노력과 기여로 삶이 풍요롭고 행복해질 때
우리는 감사한 마음을 갖습니다.

생각해보면 우리의 삶은
늘 누군가의 노력과 기여로 이루어져 왔습니다.
어릴 때는 전적으로 부모님이나 보호자의 노력과 기여가 있었고
학교에서는 교사와 친구들과의 관계에서도 그러했고
성인이 된 지금 주변을 둘러보아도
누군가의 노력과 기여가 아닌 것이 없지요.

그런데도 우리는 일상에서 감사를 느끼지 못하며
살아가는 것 같습니다.
어떤 경우에는 감사할 일이 하나도 없다고 할 때도 있습니다.
아무리 생각해도 고맙고 감사한 일은 없다고 말입니다.
물론 일시적으로 우리의 삶이 지치고 고단할 때
또 누군가로부터 괴롭힘을 당하거나
내 희생이 과도하게 요구되는 상황에선
내 고통이 크기 때문에
누구라도 감사하는 마음을 인식하기 어려울 거예요.

그러나 큰 고통이 없는 평범한 일상 가운데에서도
감사함을 잘 못 느끼거나 인식하지 못하는 이유는 무엇일까요?
저는 감사의 반대 개념은 자동적 생각의 '당연시하기'인 것 같습니다.
그래서 우리가 배워야 할 삶의 태도는,
무엇이 부족하고 모자라는지 찾아내려는 것보다
내가 누리는 주변의 사소하고 많은 혜택과
이미 내재된 인간의 아름다운 모습을 발견하려는 노력일 것입니다.

욕구와 욕망의 차이를 알면 감사와 가까워집니다.

우리는 사랑이라는 욕구를 지니고 살아요.
살면서 사랑이라는 욕구가 충족되었던 날을 떠올려볼까요?

아이가 나를 보고 해맑게 웃어준 기억,
아빠가 나의 차가워진 손을 잡고 따뜻한 입김을 불어준 기억,
사랑하는 사람이 아픈 나를 위해 한걸음에 달려온 기억,
할머니가 맛있는 음식을 해서 가져다주셨던 기억,
기차가 떠날 때까지 손을 흔들어준 친구.

물질적인 비용이 크게 들지는 않지만,
가슴 한구석에 뭉클하게 남아 있는 기억들을 말합니다.

물질이 욕구를 손쉽게 충족할 수 있는 자원임은 분명합니다.
그러나 그것만이 우리의 욕구를 충족시키는 자원은 아닙니다.
오히려 돈과 물질은 욕구의 충족이 아닌
욕망을 쫓게 만드는 수단으로 전락하곤 합니다.
욕구는 우리의 기본적인 필요이지만
그 욕구에 욕심이 생겨서 끝없이 바라는 것을 욕망이라 합니다.

욕망에는 만족이 없고 결핍이 존재합니다.
욕구에는 만족이 있고 충족이 존재합니다.

물질이 필요없다는 이야기가 아닙니다.
물질이 많지 않더라도 욕구를 포기하지는 말라는 이야기입니다.
살면서 중요한 욕구를 돈이 없다는 이유로 포기하지 마세요.
우리의 삶에 필요한 욕구는 큰 돈이 없어도 채워질 수 있으니까요.

사랑이라는 욕구가 충족되었던 순간이 그 증거가 될 것입니다.
여러분의 사랑을 충족시켜준 사람을 떠올려보세요.
그리고 미소를 지어보고 그 사람에게 고맙다고 말해보세요.

자신을 인정할 수 있는 능력은,
감사의 자원이 됩니다.

감사는 자신과 타인을 인정해주는 힘이에요.
그런데 우리는 서로 인정받고 싶어 하기만 할 뿐
서로 인정하려고는 하지 않는 것 같습니다.

인정이라는 욕구는 인생에 있어서 참 중요한 욕구이면서도
때로는 우리의 삶을 매우 힘들고 지치게도 합니다.
왜 우리는 인정을 외부, 타인으로부터만 채우려고 할까요.
우리 자신을 스스로 인정해주지도 못하면서
타인은 왜 그렇게 우리를 인정해주어야 한다고 생각하며 살까요.

언제나 시작은 우리 내면으로부터 나옵니다.
우리는 나 자신을 먼저 사랑하고 인정해줄 필요가 있습니다.

약점과 단점에만 지나치게 몰입해왔다면
이제는 작은 노력과 성취, 결과도 인정해주는 거지요.
남들이 알든 모르든 그것은 중요하지 않습니다.
우리 자신이 스스로 인정하는 모습을 찾아서 말해보는 겁니다.

자기 자신을 인정할 수 있는 근사한 사람은,
타인도 그렇게 인정할 힘을 기를 수 있습니다.
인정은 밖(외부, 타인)에서만 주어지는 것이 아니라,
자신의 내부에서 채워질 때 공고하고 흔들림이 없음을 기억합시다.

'잘했어.'
'그만하면 괜찮아.'
'노력한 것도 꼭 기억해.'
'모든 과정에는 배움이 있었어.'
'운이 좋았던 것만은 아니야. 너의 노력 덕에 성공한 거야.'
'나는 충분히 괜찮은 존재야. 원래부터.'

감사는 관찰로부터 발견되고,
표현으로 연결됩니다.

상대를 긍정적으로 평가하는 칭찬은 쉽게 할 수 있습니다.
심지어 마음에 없는 대상에게도 할 수 있어요.
물론 진심 어린 칭찬은 상대에게 큰 힘이 되기도 합니다.
그러나 칭찬은 대개
수직적 관계에서 사용되어 왔고 평가적 측면을 벗어날 수 없으며
때로 상대의 행동을 촉진하기 위한 조종의 의도가 있기도 합니다.

그래서 이제는 모호한 칭찬 대신
서로의 수평적 관계를 유지하면서
서로의 행동을 구체적 관찰로 발견하고
그것을 상대에게 표현하는 감사를 연습해보면 좋겠습니다.

- **상대의 고마운 행동과 말을 관찰로 묘사해 말해보세요.**
  - → "나 늦게 들어온 날, 자기가 된장찌개랑 계란 프라이 해줬지. 힘들었을 텐데 먹고 자라고 말해주면서."

- **상대 덕에 충족된 욕구와 감정을 말해주세요.**
  - → "그날 나 정말 위로가 필요했어. 밥도 못 먹고 일해서 배도 고팠고. 자기 덕분에 내게 필요한 게 채워졌어. 그래서 정말 고맙고 마음이 따뜻해."

∘ 내 삶에 어떤 의미가 있는지 설명해주세요.

→ "나도 당신이 힘들 때 그렇게 잘 챙겨주고 싶고, 이렇게 서로 위하면서 사는 게 참 중요하다는 생각이 들어."

∘ 상대는 나의 말을 듣고 어떤 기분인지 물어보세요.

→ "자기는 내 마음 듣고 어떤 기분이야?"

때로 감사는 두렵고 어색해요.

저는 수많은 사람들과 대화하는 방법을 훈련했습니다.
같이 웃고 같이 울고.
교육생들의 눈물은 농도가 짙지요.
때때로 돌아가신 부모님을 생각하며 후회의 눈물을 흘렸고,
고생하시는 부모님을 떠올리며 미안해서 울었고,
더 잘해주지 못한 자녀들을 떠올리며 안타까워서 울었고,
잘못한 점들만 따갑게 지적해온 많은 날들을 가슴 아파했고,
고마운 것은 당연하게 생각하고
불만만 크게 표현한 날들을 후회했습니다.
그런 마음을 뒤로 하고,
가족들에게 고마운 마음을 적고 말해보자고 하면
어색하게 웃으며 말하기 힘들다 했지요.
그럴 때는 다 함께 이 문장을 크게 소리 내어 읽습니다.

"우리의 배움이 옳지 않다고 생각하면 하지 맙시다.
그러나 어색하다면 이겨냅시다."

여러분 대화를 연습해보세요.
속대화를 연습하면서 자신을 더 아끼고 사랑하세요
그리고 명료한 자기 이해에 기반해서 사람들과 대화해보세요.
사랑하는 사람들과 후회의 날을 줄이고
더 많이 사랑하고 행복하게 살아가세요.
대화를 배워야 하는 이유는 바로 거기에 있답니다.

나 자신을 사랑하고
타인을 사랑할 수 있는 사람이 되는 것.
그래서 서로의 가슴이 서로의 가슴으로 연결되는 것 말이죠.

기억해주세요

연결의 계단

1단계. 무의식 · 무기술 Unconscious · Incompetence
인간은 태어나 돌이 지나면 막 걷기 시작합니다.
이때 아이는 왜 운동화 끈을 묶어야 하는지 이해하지 못해요.
그래서 신발을 신겨주면 바로 걸어 나가려고만 하지요.
왜 끈을 매어야 하는지 의식도 없고, 끈을 매는 기술도 없습니다.

2단계. 의식 · 무기술 Conscious · Incompetence
아이가 조금 성장하고 잘 걷기 시작하면
끈을 다 매지도 않았는데 일어서서 마구 걸어가려 합니다.
그러다가 쾅! 넘어지면 '아, 끈을 매야 하는구나'라고 생각하며
드디어 왜 끈을 매야 하는지 이유를 알게 되지만 매는 기술은 없지요.

3단계. 의식 · 기술 Conscious · Competence
그래서 아이는 끈을 묶어달라며 엄마를 바라봅니다.
그 후 아이는 나갈 때 신발 끈을 묶어야 한다는 것을 의식하며
보고 배운 대로 시행착오를 겪으며
조금씩 끈을 묶는 기술을 훈련합니다.

4단계. 무의식 · 기술 Unconscious · Competence
그 과정을 지나면 의식하지 않아도
끈을 능숙하게 묶을 수 있게 됩니다.

대화도 신발 끈을 묶는 과정과 비슷하지만
한 가지 차이점이 있습니다.
운동화 끈 묶는 것에 익숙해지면
그 능력을 다시는 잃어버리지 않지만,
대화는 순식간에 다시 그 능력을 잃기도 합니다.
그래서 계단을 오르내리며 다리의 근육을 키우듯
대화의 능력도 성공하고 실패하며 단련해가야 하는 것입니다.

당신은 지금 이 계단의 어디쯤에 있나요?
어디로 가고 싶습니까?
내려와도 실패가 아니고 올라가도 영원한 성공이 아닙니다.
오르내리며 탄탄해지는 다리 근육처럼
마음과 능력의 강인한 힘이 가장 큰 성공입니다.
그러니 포기하지 말고 함께 더 나아가길 바랍니다.

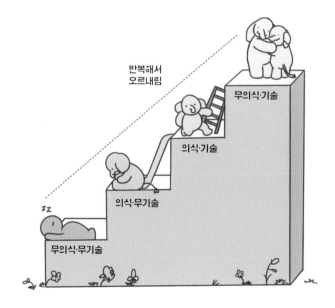

자동적 생각에 따른 감정 인식 연습표

자동적 생각	생각과 구별되는 감정
버림받은	두렵다. 슬프다. 외롭다.
학대받은	겁나다. 무기력하다. 비참하다.
인정받지 못한	섭섭하다. 억울하다. 맥 빠지다.
공격당한	겁나다. 위축되다. 격노하다.
배신당한	분하다. 실망하다. 맥 빠지다.
비난받는	두렵다. 불안하다. 위축되다.
왕따당한	불안하다. 외롭다. 두렵다.
구속당하는	답답하다. 짜증 나다.
속은 듯한	실망하다. 억울하다. 분하다.
싫어하는 것 같은	외롭다. 슬프다. 서운하다.
의심받은	절망스럽다. 억울하다.
무시당한	서운하다. 분하다. 민망하다.
모욕당한	화나다. 창피하다. 무기력하다.
방해받은	짜증 나다. 귀찮다.
위협받는	불안하다. 두렵다. 걱정된다.
오해받은	불편하다. 속상하다. 억울하다.

자동적 생각	생각과 구별되는 감정
제압당한	무력하다. 당혹스럽다.
착취당한	화난다. 피곤하다. 좌절하다
과잉보호 받는	지겹다. 무기력하다. 성가시다.
신경을 건드리는	짜증 나다. 귀찮다.
억제당한	슬프다. 답답하다. 맥 빠지다.
거절당한	위축되다. 서운하다.
바가지 쓴	분하다. 실망스럽다. 걱정되다.
숨이 막힐 듯한	두렵다. 절박하다.
당연하게 여겨진	슬프다. 서운하다. 실망스럽다.
협박당한	무섭다. 두렵다. 위축되다.
짓밟힌, 유린당한	무력하다. 좌절하다.
사랑받지 못한	슬프다. 외롭다. 비참하다.
지지받지 못한	무력하다. 슬프다. 외롭다.
이용당한	불안하다. 억울하다. 슬프다.
침해당한	혼란스럽다.
부당하게 취급당한	억울하다. 짜증 나다. 분하다.

감정 목록

원하는 것이 이루어질 때의 마음 신호(감정)		원하는 것이 이루어지지 않을 때의 마음 신호(감정)	
편안한	평온한	격노한	안절부절못하는
너그러워지는	기운 나는	화가 난	귀찮은
생기 도는	매료된	냉랭한	맥 빠진
긴장이 풀리는	궁금한	억울한	뒤숭숭한
진정되는	전율이 오는	언짢은	당혹스러운
안도감이 드는	유쾌한	초조한	혼란스러운
호기심이 드는	통쾌한	조급한	불안한
고요한	놀란	서운한	거북스러운
느긋한	감격스러운	슬픈	마비가 된 듯한
흐뭇한	벅찬	실망한	경직된
흡족한	용기 나는	무기력한	막막한
고마운	개운한	외로운	걱정스러운
감사한	뿌듯한	아픈	근심스러운
반가운	후련한	비참한	긴장된
든든한	만족스러운	허전한	압도된
다정한	자랑스러운	공허한	놀란
부드러운	짜릿한	두려운	부끄러운
행복한	신나는	겁나는	좌절된
수줍은	홀가분한	피곤한	짜증 난
기쁜	산뜻한	지친	아쉬운
황홀한	즐거운	지루한	위축된
흥분되는	기대에 부푼	풀 죽은	그리운
희망에 찬		안타까운	

⊙ 감정은 원하는 것이 이루어지거나 이루어지지 않을 때 마음이 보내는 신호입니다.

욕구 목록(욕구 = 감정의 원인이며 삶의 동력)

생존의 욕구 - 신체, 정서, 안전

공기, 음식, 물, 주거, 휴식, 수면, 신체적 접촉(스킨십), 성적 표현, 신체적 안전, 정서적 안정, 경제적 안정, 편안함, 애착 형성, 자유로운 움직임, 운동, 건강, 웰빙, 돌봄 받음, 보호 받음

힘의 욕구 - 성취, 인정, 자존

평등, 질서, 조화, 자신감, 자기 표현, 자기 신뢰, 중요하게 여겨짐, 유능감, 능력, 존재감, 공정, 공평, 진정성, 투명성, 정직, 진실, 인정, 일치, 개성, 숙달, 전문성, 자기 존중, 정의, 보람

사회적 욕구 - 소속감, 협력, 사랑

친밀한 관계, 유대, 소통, 연결, 배려, 존중, 상호성, 공감, 이해, 수용, 지지, 협력, 도움, 감사, 애정, 관심, 우정, 가까움, 나눔, 연민, 소속감, 공동체, 상호의존, 안도, 안심, 위로, 위안, 신뢰, 확신, 예측 가능성, 일관성, 참여, 성실성, 책무, 책임, 평화, 여유, 아름다움, 가르침, 성취, 공유, 유연성, 상대 돌봄, 상대 보호

자유의 욕구 - 독립, 자율성, 선택

생산, 성장, 창조성, 치유, 선택, 승인, 자유, 주관을 가짐(자신만의 견해나 사상), 자율성, 독립, 혼자만의 시간

재미의 욕구 - 놀이, 배움

재미, 놀이, 자각, 도전, 깨달음, 명료함, 배움, 자극, 발견

삶의 의미의 욕구 - 영성, 인생 예찬

의미, 인생 예찬(축하, 애도), 사랑, 비전, 꿈, 희망, 영적 교감, 영성, 영감, 존엄성, 기여

＊ 참고: William Glasser, Reality Therapy 5 Basic Needs(생존, 소속-사랑, 힘(성취), 자유, 즐거움)
Marshall B. Rosenberg, Nonviolent Communication Needs list